O melhor de Max Gehringer na CBN vol.1

Revisão: Rosane Albert
Projeto gráfico e editoração eletrônica: Axis Design
Imagens de miolo: Getty Images
Foto da capa: Harrison Eastwood / Agência: Getty Images

EDITORA GLOBO S.A.
Av. Jaguaré, 1485 – São Paulo, SP, Brasil
05346-902
www.globolivros.com.br

Dados Internacionais de Catalogação na Publicação (CIP)
(Câmara Brasileira do Livro, SP, Brasil)

Gehringer, Max
O melhor de Max Gehringer na CBN : 120 conselhos sobre carreira, currículo, comportamento e liderança – São Paulo : Globo, 2006.

ISBN: 85-250-4204-8

1. Administração de pessoal 2. Currículos – Avaliação 3. Empregados – Recolocação 4. Empregos – Habilitação 5. Entrevistas (seleção de pessoal) 6. Pessoal – Recrutamento 7. Pessoal – Seleção e colocação I. Título.

06-4954 CDD-658.3112

Índices para catálogo sistemático:
1. Processo seletivo : Pessoal : Administração de empresas 658.3112
2. Seleção de pessoal : Administração de empresas 658.3112

5ª reimpressão, 2007

COLEÇÃO VIDA EXECUTIVA

O melhor de Max Gehringer na CBN vol.1

120 CONSELHOS sobre carreira, currículo, comportamento e liderança

EDITORA GLOBO

Prefácio

Uma das coisas mais previsíveis – e aborrecidas – nos textos sobre o mundo corporativo é sua atração quase irresistível para se transformarem em manuais de auto-ajuda. São clichês, chavões, lugares-comuns e até arremedos de gritos de guerra que se propõem a funcionar como receitas infalíveis para o sucesso profissional. E pobres dos incautos que pensam estar sendo brindados com um arsenal para vencer na vida quando, na verdade, apenas são soterrados por conselhos pasteurizados.

Por isso mesmo, Max Gehringer sempre me pareceu um oásis dentro deste nicho. Com humor, ironia e, freqüentemente, "desconstruindo" empresas, chefes e a liturgia do poder, ele é muito mais didático ao utilizar a decisão equivocada, o erro, o que não funciona, para apontar o caminho – ou caminhos, já que muitas vezes há mais de uma opção – para quem quer se sobressair profissionalmente.

Eu já era sua leitora quando me tornei diretora-executiva da CBN e não tinha dúvida: nosso ouvinte também gostaria de saborear as histórias do mundo corporativo e elas seriam bastante úteis na árida disputa por um lugar ao sol. Fiz contato por e-mail e nos encontramos para um café-da-manhã num hotel cinco-estrelas em São Paulo. A simplicidade é uma de suas marcas registradas – aliás, cada vez mais me convenço de que só é complicado e difícil quem não tem muito a dizer e acha que é preciso se valorizar, transformando o que era simples num enigma digno de esfinge. Pois Max, depois de tantos cargos como executivo de primeiríssimo time, me confessava candidamente que um de seus maiores prazeres era viver no interior, enfiado numa roupa confortável, longe do caos urbano – e torcendo pelo Paulista de Jundiaí e pelo Corinthians...

Foi empatia à primeira vista e acertamos sua participação na CBN, com uma única condição: ele queria um contrato de apenas seis meses, porque achava que talvez não fosse capaz de produzir um comentário por dia por um prazo mais longo do que esse. Não consegui convencê-lo de que ele seria um sucesso retumbante, mas resolvi dar tempo ao tempo, até porque meu trunfo era a magia do rádio, um veículo fascinante tanto para quem faz como para quem ouve.

A estréia foi em 3 de maio de 2004 – e não deu outra. Em menos de um mês, ele já era um dos recordistas em recebimento de e-mails de ouvintes, que pediam os comentários por escrito; ou em acessos no site da CBN, de pessoas que queriam ouvir novamente o boletim. Max também conquistou outro tipo de audiência: jovens que, a caminho do colégio, descobriam que a rádio que tocava no carro do pai também tinha o que dizer para quem começava a pensar no futuro.

Um dos segredos de Max é falar de rigorosamente todos os assuntos, inclusive os mais espinhosos. Como, por exemplo, mau hálito. Aliás, o comentário integra esta coletânea e talvez tenha sido o campeão de e-mails e retorno dos ouvintes. Na manhã em que foi ao ar, ao fim do comentário, foi possível ouvir a risada de Heródoto Barbeiro, âncora do Jornal da CBN, diante de uma cena impagável: todos no estúdio, tentavam fazer o teste proposto por Max para conferir se tinham bom hálito ou não. Foi tanta a repercussão que Carlos Alberto Sardenberg, âncora do CBN Brasil, que ocupa a grade de meio-dia às duas da tarde, fez uma entrevista sobre o tema no dia seguinte – e, claro, reprisando o comentário.

Sucesso, retorno imediato do público e, ainda assim, Max me surpreendeu ao, no fim de 2004, dizer que achava melhor ficar pelo menos dois meses sem gravar seus comentários, para se reciclar e não se repetir. Quantos se arriscariam a dizer isso? Poucos, tenho certeza. O que só aumentou minha admiração. Também pude observar, em mais de uma ocasião, a forma como Max praticamente hipnotiza platéias em suas apresentações, além de provocar risos que, no momento seguinte, levam à reflexão. Num desses eventos, em Londrina, confesso que aproveitei para lhe pedir um conselho sobre como planejar e estruturar minha carreira nos próximos dez anos, ou seja, ganhei uma aula particular das mais valiosas e que compartilho com vocês: tenham sempre um plano B à mão, imaginem-se numa segunda atividade e invistam nela, porque nunca se sabe se haverá necessidade de dar uma guinada em suas carreiras.

Este livro traz os melhores comentários desses dois anos de Max na CBN. Os leitores vão se divertir muito, mas, principalmente, terão a oportunidade de parar para pensar criticamente sobre o que vêm fazendo com suas carreiras e na relação com seus subordinados e colegas. Será uma boa chance de passar a limpo o que não está funcionando. E, quando virarem a última página, vai ficar um gostinho de "quero mais".

Mariza Tavares
Diretora-executiva da CBN

Apresentação

ALGUM DIA, NUM FUTURO NÃO MUITO DISTANTE, UM HISTORIADOR escreverá um relato interessante. Durante 200 anos, ele dirá, mais ou menos entre 1850 e 2050, existiu um fenômeno chamado "mercado de trabalho". Nele, uma pessoa se associava a uma empresa, em uma condição formal conhecida como "vínculo empregatício". Em troca do aluguel mensal de seu tempo e de seu talento, essa pessoa recebia várias compensações. A principal delas era um pagamento fixo. Mas havia muito mais. Férias anuais, assistência médica, um salário extra por ano, aposentadoria, cesta básica, vale-transporte, vale-refeição. E tudo isso, independentemente da situação que a empresa estivesse atravessando. Uma maravilha!

O historiador ponderará, também, que nada parecido com isso existiu no longo período decorrido desde as primeiras civilizações, na ancestral Mesopotâmia, até o século XIX de nossa era. Durante esse tempo, existiram os camponeses, que plantavam para o proprietário das terras e ficavam com uma ínfima parte da colheita, para seu próprio sustento. Existiram soldados, que recebiam um soldo e eram autorizados a saquear as cidades conquistadas para melhorar seu orçamento. Existiram escravos, vítimas de uma barbárie social que perdurou até o final do século XIX. Existiram religiosos, cujo sustento era provido pelos fiéis. E existiram mercadores e comerciantes autônomos. O que hoje chamaríamos de "empregados" – pessoas que prestavam um serviço continuado, por um salário fixo – não perfaziam mais que 1% da população. Sendo que a grande maioria estava engajada no serviço público.

Foi o advento do mercado de trabalho que transferiu a maior parte das populações do campo para a cidade. A atração estava nos benefícios de longo prazo, inexistentes nas roças, e na possibilidade de uma carreira profissional. Esse fenômeno atingiu seu auge no período entre 1940 e 1990. A partir daí, a curva começou a se inverter. A possibilidade de um bom emprego em uma boa empresa passou a ficar mais difícil. E a quantidade de autônomos começou, proporcionalmente, a aumentar.

Mas os jovens que entraram no mercado de trabalho a partir de 1990 não sabiam que estavam no ponto de inflexão da história. Suas referências eram aquelas que seus pais lhes transmitiram: estude, arranje um emprego, e você poderá desfrutar das delícias da classe média trabalhadora pelo resto de sua vida. Hoje, 500 mil jovens se formam anualmente no Brasil. E partem em busca de uma realidade que está deixando lentamente de existir: a das cinco últimas gerações, que puderam tirar proveito de um mercado em que havia mais vagas do que candidatos.

É exatamente esse momento de transição que eu venho tentando traduzir em meus artigos para a revista *Época* e em meus comentários diários para a Rádio CBN. Minha melhor credencial é também a mais óbvia: eu trabalhei adoidado. Filho de um mecânico e de uma tecelã, que jamais na vida conseguiram ganhar mais que dois salários mínimos por mês, eu posso dizer que tive um pouco de competência e muita sorte. A sorte foi a de ter entrado no mercado de trabalho em seu momento mais glorioso, a era do milagre econômico brasileiro, quando havia um emprego em cada esquina. A competência foi a de ter entendido as regras desse mercado. Isso me permitiu construir uma carreira que foi muito além do que eu, quando tinha 18 anos, poderia sonhar.

Há 7 anos, eu decidi deixar de viver esse mundo corporativo por dentro e passar a olhá-lo de fora. Deixei a presidência de uma empresa para ser escritor e palestrante. Duas atividades nas quais minha experiência era zero. Na época, meus amigos mais generosos me chamaram de "inconseqüente". Os mais sinceros, de "debilóide". Embora o tempo tenha provado que essa foi a decisão mais sensata que eu tomei na vida, ela já vinha sendo amadurecida havia anos. Eu tinha a consciência de que o mercado de trabalho iria se transformar, rápida e radicalmente. E queria poder dizer isso para o maior número possível de pessoas. Principalmente os jovens, para que eles não se iludissem. E para os profissionais satisfeitos demais, para que eles não fossem apanhados desprevenidos. E, novamente, dei sorte. Já comecei escrevendo para as duas maiores revistas de negócios do Brasil. Só que, dessa vez, a sorte tinha nomes e sobrenomes: Paulo Nogueira, Diretor do Grupo Exame, e Maria Tereza Gomes, na época redatora e mais tarde Diretora de Redação da *Você S/A*.

Nessa minha nova carreira de cronista corporativo, a Rádio CBN foi uma dádiva. Ela é um enorme alto-falante. E me permitiu aumentar meu público, tanto em quantidade – de milhares de leitores para milhões de ouvintes – quanto em freqüência – de artigos mensais ou quinzenais para comentários diários. Mas toda história sempre tem um começo. Um dia, a Mariza Tavares, Diretora da CBN, me ligou. E me perguntou, assim, na lata: "Além de escrever, você também sabe falar?". E eu pensei comigo: "Bom, eu deveria saber, pelo menos por decurso de prazo, já que aprendi a falar cinco anos antes de aprender a escrever". Mas, dias depois, ao conversar com a Mariza sobre os finalmentes, eu ainda tinha um monte de dúvidas. E ela, nenhuma. Obrigado, Mariza.

O resultado de toda essa história é este livro. Ele não pretende ensinar nada, nem ditar regras. O mundo corporativo já tem regras demais. O objetivo é o de gerar reflexões. Aqui estão os textos integrais dos 120 comentários que provocaram mais reações da parte dos ouvintes. A favor ou contra. E esse é exatamente o ponto. Recordar é viver. Discordar é mostrar que estamos vivos.

Max Gehringer

Sumário

Como conquistar um emprego

Os personagens corporativos

Organização, método e cargos

Os desafios (e a burocracia!) de cada dia

Esse estranho ser chamado chefe

Relacionamento, uma porta para o emprego

Criatividade

Trabalhe melhor

Coisas do Brasil

Não se enrole com a língua

Novas tendências

Os textos indicados com CD constam em versão aúdio no CD que acompanha este livro

Como conquistar um emprego

Uma carta personalizada faz toda a diferença

Os currículos estão cada vez mais iguais. Há empresas especializadas em montar currículos que só mudam o nome da pessoa. Esses currículos começam com verbos agressivos na primeira pessoa, tipo implantei, liderei, organizei, coordenei... e continuam com os resultados numéricos fantásticos que a pessoa conseguiu em sua carreira. Tanto que, há dois anos, eu cheguei a uma conclusão interessante: todas as pessoas que podiam salvar as empresas do buraco estavam desempregadas. Cheguei a essa conclusão somando os números de 50 currículos que recebi pelo correio, num dia só. Essas 50 pessoas, segundo os currículos, haviam economizado mais de 300 milhões de reais para as empresas onde trabalhavam, tinham aumentado o faturamento delas em 45% e tinham coordenado investimentos que ultrapassavam 500 milhões de reais. E foram todas despedidas. O que me levou a pensar num complô: será que as empresas estão despedindo os funcionários mais eficientes? Claro que não, salvo algumas exceções. A verdade é que esses currículos cheios de superlativos não impressionam mais. Olhando pelo lado positivo, sua única utilidade é virar papel reciclado. Muito mais importante que o currículo em si é uma carta pessoal, feita sob medida para cada empresa que vai receber o currículo. Uma vez recebi uma carta que começava dizendo "Prezado Senhor... Sou entregador de pizza". Era de um jovem que fazia bico como motoboy de pizzaria nas noites de sábado, para poder pagar a faculdade. E pedi para contratar o sujeito imediatamente. Ali estava um exemplo de alguém com determinação e entusiasmo. Portanto, a carta personalizada é o que realmente vai fazer a diferença. O currículo é só o anexo.

E agora? Minto ou não minto?

Se você já preparou ou está preparando um currículo, há uma razoável possibilidade de ter tido aquele longo momento de hesitação e se perguntado: e agora? minto ou não minto? Não se preocupe, isso é normal. Aliás, as duas coisas são normais, tanto a hesitação quanto a mentira. Mentir no currículo é um esporte universal. Não há, que eu saiba, dados estatísticos brasileiros a respeito de mentiras em currículos. Mas nos Estados Unidos, onde existem pesquisas para tudo, quase a metade mente. Essas pesquisas revelam também que homens mentem mais que mulheres. E que, quanto menor a vaga, maior a mentira. Candidato a gerente mente mais que candidato a diretor. Como no Brasil a esperteza sempre foi maior do que no resto do mundo, pode-se deduzir que aqui também exista o que se chama de "maquiagem de currículo". E quais são as mentiras mais freqüentes? Transformar seminários de um fim de semana em cursos de aperfeiçoamento profissional. Transformar viagens de turismo em cursos. Transformar a participação em um grupo de trabalho em liderança de um projeto. Mencionar números que são impossíveis de checar, como reduções de custo. Usar o fato de que no espanhol a maioria das palavras é praticamente idêntica ao português para mencionar "boas noções de espanhol". Alguns pecam por omissão, esquecendo, por exemplo, de mencionar a idade. Outros pecam por excesso, colocando até as horas de auto-escola para tirar a carteira de motorista e chamando isso de "curso de aperfeiçoamento de habilidade em deslocamento motorizado". Claro que mentir no currículo é sempre ruim, porque cedo ou tarde a mentira bóia. Mas cada um é cada um. Como diz um amigo meu: "Eu sou honesto. Por isso nunca exagero nas mentiras".

O excesso de criatividade das dinâmicas de grupo

Quem está tentando encontrar um bom emprego em uma grande empresa sabe que existem muitas etapas a serem ultrapassadas. Uma delas chama-se "dinâmica de grupo". Que funciona assim: uma dúzia de candidatos sentam em semicírculo e um mediador fica fazendo perguntas e anotando o que cada um responde. Mas também fica reparando como cada um está vestido, como se comporta, se rói as unhas, se usa gíria, essas coisas que a gente faz e não percebe. Quem passa por uma dinâmica de grupo sempre sai dela achando que fez muita coisa errada. Alguns acham que poderiam ter falado mais, outros acham que deveriam ter falado menos. Então, aqui vão algumas regrinhas básicas. A primeira é se vestir do jeito que a empresa se veste. Ir de camiseta e jeans e descobrir que todo mundo usa terno, incluindo o mediador, é começar marcando um gol. Um gol contra. A segunda é sempre encontrar um alvo prático para qualquer comentário. Por exemplo, quem pratica alpinismo ou toca guitarra, deve dizer como essa habilidade poderá ser útil no trabalho. A terceira e a quarta regra são interessantes. A terceira é falar muito. E a quarta é falar pouco. Parece contraditório, mas não é. Falar muito é não deixar passar nenhuma oportunidade para dizer alguma coisa. Em dinâmicas de grupo, o silêncio não é visto como sinal de sabedoria. É visto como falta de assunto, mesmo. Por isso, interrompa quem estiver falando. Educadamente, mas interrompa. E aí, fale pouco. O que você tem a dizer deve caber em 30 segundos. Porque é exatamente aí que você também será interrompido por alguém. E não se deve desperdiçar esse precioso tempo dizendo coisas como "com certeza", "tipo assim" ou "vou procurar dar o máximo de mim", a não ser que a dinâmica seja para escolher um novo lateral direito. A última regra é estar atualizado. Leia dois ou três jornais do dia antes de sair de casa. Alguém pode estar se perguntando o que é que a invasão do Afeganistão tem a ver com uma vaga de assistente administrativo. E a resposta é: absolutamente nada. Mas eu não faço as regras da dinâmica de grupo. Eu só tento explicá-las.

De olho nas agências de recolocação

EM ALGUNS PAÍSES DA EUROPA JÁ EXISTE UMA LEI QUE OBRIGA AS EMpresas que demitem funcionários, sem justa causa, a prestar-lhes assistência profissional e psicológica. A parte profissional consiste em ajudar na preparação e no envio do currículo e no treinamento para entrevistas. E o acompanhamento psicológico serve para diminuir aquele trauma pós-demissão. E no Brasil? Bom, no Brasil, por enquanto, o funcionário demitido tem que se virar sozinho. Ligar para os amigos, dizer que a vida é assim mesmo, e pedir ajuda aos poucos que estão dispostos a ajudar de verdade. Mas existe uma variante esperta: agências especializadas em recolocação. Essas agências funcionam assim: elas entram naqueles sites que têm milhares de currículos expostos e escolhem uma dúzia deles. A escolha é feita pelo tempo que um profissional passou na empresa e pelo cargo que ele ocupou. Porque alguém que tenha tido um bom cargo durante cinco ou dez anos deve ter algum dinheirinho guardado. Aí, a agência entra em contato com o novo desempregado e diz que tem uma vaga perfeita para ele. Para consegui-la, ele só terá que pagar uma pequena taxa, que varia entre 100 e 500 reais. Não há, é claro, garantia de que o emprego será conseguido, mas as chances são enormes. O desempregado se empolga e paga, e realmente será chamado para um par de entrevistas, em empresas que fazem parte do esquema da agência de recolocação. Mas logo descobrirá que o sonhado emprego era uma doce ilusão. E, pior de tudo, não terá do que reclamar, porque o esquema não é ilegal, já que o pagamento da taxa não garantia um emprego. O nome técnico que se dá a essa atividade é picaretagem. É claro que existem empresas honestas de recolocação no Brasil. Mas essas não abordam ninguém: é preciso que o interessado vá procurá-las. Por isso, quem for abordado, deve abrir o olho. Além de ter ficado sem o emprego, há o risco de ficar também sem a poupança.

Exageros não impressionam, incomodam

UMA PERGUNTA MUITO COMUM NA ELABORAÇÃO DE CURRÍCULOS: deve-se colocar a pretensão salarial? A resposta é não. Há vários motivos para isso, mas o principal é que o salário recebido no final do mês é apenas uma parte do que se chama de pacote de remuneração. Uma pessoa pode ganhar mil reais por mês e aceitar um emprego de 900 reais, se junto com ele vier um plano de assistência odontológica, por exemplo. Ou a possibilidade de a empresa financiar um curso de longa duração. Mas a maioria não faz essa conta e alguns até saem perdendo na troca, porque se concentram apenas no dinheiro que entra no bolso. Pior ainda é escrever "salário a combinar". Salários não são mais combinados desde 1960. Salários são oferecidos pela empresa e aceitos ou não pelo candidato. Em alguns casos, são negociados. Mas nunca são combinados. Outra pergunta muito comum: deve-se colocar a idade no currículo? A resposta também seria não, mas a prática de mencionar a idade está tão disseminada que a falta da idade no currículo pode dar a impressão de que o candidato está querendo escondê-la. Então, é bom colocar. Na verdade, há um monte de outras informações que entrariam nessa mesma categoria, vagamente chamada "na hora a gente vê". Por exemplo, altura e peso. E se um candidato tiver 1m70 de altura e pesar 104 quilos? Não é uma questão de sonegar informações, é apenas não informar algo que possa ser mal interpretado, porque quem lê um currículo nunca consegue adivinhar a intenção de quem o escreveu. Há candidatos que colocam no currículo coisas como nomes de filhos, *hobbies*, religião e até orientação sexual. Um currículo deve dizer o máximo sobre as aptidões estritamente profissionais do candidato, mas com um mínimo de palavras. Por isso, se um currículo passar de três quartos de uma página, já não é mais currículo. É autobiografia.

Atenção a detalhes é um exercício contínuo

EMPRESAS SEMPRE TÊM UMA PEGADINHA NA HORA DE UMA ENTREvista de emprego. Mas algumas dessas pegadinhas são muito criativas. Por exemplo, em qualquer empresa é muito importante dar atenção aos detalhes. Uma regra básica diz que os funcionários capazes de perceber pequenos detalhes, que os outros não percebem, irão ter um desempenho melhor. O problema é que se o entrevistador perguntar para o candidato se ele é atento aos detalhes, o candidato vai responder que sim, claro. E, para impressionar, o candidato ainda vai citar Einstein, que disse que Deus está nos detalhes. Mas há uma empresa que transformou a pergunta numa pegadinha interessante. O candidato aguarda a entrevista numa salinha de espera. Depois, é conduzido para a sala do entrevistador. E aí o entrevistador pede que o candidato descreva os detalhes da salinha de espera. Alguns candidatos mal conseguem se lembrar da cor da parede, ou dizer quais revistas estavam sobre a mesa. Já outros se lembram de tudo, até que a salinha tinha um cinzeiro, embora na parede estivesse pregado um aviso de proibido fumar. Num mundo em que as informações estão rapidamente disponíveis para todos os concorrentes, leva vantagem quem vê primeiro o que os demais só vão enxergar depois. Atenção a detalhes é uma questão de curiosidade e de treino. Perceber detalhes significa manter o cérebro trabalhando o tempo todo, sem se concentrar em um único ponto. A maioria dos detalhes talvez nem tenha importância, mas só percebe isso quem tem uma visão periférica. Não por acaso, presidentes de empresas são pessoas que têm, entre outras habilidades, uma incrível percepção para detalhes. Por isso, além de dar respostas corretas, eles também fazem perguntas inesperadas. Uma gente diferente, que chegou aonde chegou porque, ao contrário da maioria, consegue perceber um universo em cada migalha. Uma sinfonia em cada ruído. E uma eternidade em cada instante perdido.

Linguagem corporal *versus* autenticidade

EM ENTREVISTAS, UM FATOR MUITO IMPORTANTE É O QUE SE CHAMA de gestual do candidato. Como ele senta, onde põe as mãos, se apóia os cotovelos na mesa, se cruza as pernas, se cobre a boca com a mão quando fala... bom, a lista é enorme. E entrevistadores profissionais estão sempre muito atentos a essa coleção de pequenos gestos, que dizem muito sobre um candidato antes mesmo que ele comece a abrir a boca e a falar. Pelo menos uma dúzia de vezes na vida, eu entrevistei pessoas que me impressionaram profundamente. Para começar, elas entravam na sala com o que chamamos de postura vencedora. O corpo reto, a cabeça erguida, os passos firmes. Em seguida, apertavam minha mão com confiança. E sentavam-se com a coluna reta, sem se esparramar na cadeira ou se curvar sobre a mesa. Depois, durante a entrevista, a pessoa adotava o método do contato visual contínuo e prolongado. Quer dizer, ela me encarava o tempo todo. Jamais olhava para o chão ou para o teto. E, principalmente, a pessoa mantinha as mãos sob controle, sem ficar recolhendo os clipes que estavam espalhados sobre a minha mesa. E cada frase dita era acompanhada de um gesto adequado, sem economias nem exageros. Assim que a entrevista terminava e a pessoa saía da sala, eu dizia Uau! E, imediatamente, jogava seu currículo no lixo. Porque eu ficava pensando que, se essa pessoa for mesmo assim, não vou gostar nem um pouco de trabalhar com ela. E, se ela só estiver encenando, vou gostar menos ainda. Mais tarde, ao conversar com meus colegas que também entrevistaram aquela pessoa, nós concordávamos que os *Manuais de Como Se Comportar Adequadamente em Uma Entrevista* ensinam tudo, menos as duas coisinhas que mais queremos em alguém com quem vamos ter que conviver dez horas por dia. Sinceridade e Autenticidade.

Uma reprovação é uma nova oportunidade

Uma palavrinha que já me incomodou muito, e que ainda incomoda muita gente, é reprovação. Aliás, não só incomoda, como causa danos enormes ao ego. Porque, nesta vida, na média, todos nós somos mais reprovados do que aprovados. E cada reprovação faz com que aquela confiança que temos em nós mesmos encolha mais um pouquinho. Ser reprovado na escola é uma vergonha. Ser reprovado num exame de motorista é uma humilhação. E ser reprovado numa entrevista de seleção é uma frustração sem tamanho. Para minha sorte, eu fui reprovado logo na minha primeira tentativa de conseguir um emprego. Eu tinha 15 anos e me apresentei junto com outros vinte e tantos candidatos para uma vaga numa fábrica de sapatos. Ensaiei direitinho tudo o que tinha que falar para convencer o entrevistador de que eu era o candidato ideal. E até bolei uma frase que, na época, me pareceu genial: meu sonho sempre foi trabalhar aqui, porque esta empresa produz o sapato que vai me conduzir pela estrada do sucesso. Mas eu nem cheguei a ser entrevistado, porque fui reprovado antes, no teste numérico. Graças ao meu nervosismo, demorei demais para completar quatro continhas de multiplicação e fui expurgado do processo. Eu disse que essa tinha sido a minha sorte? Disse. Porque, quando eu já ia saindo, cabisbaixo e achando que nunca mais iria conseguir um emprego na vida, o gerente de recrutamento veio conversar comigo e me explicou que reprovação não era bem o que eu pensava que era. A palavra reprovação, ele me disse, não significava eliminação. Significa, em bom latim, provar novamente. E aí ele me disse uma frase que me acompanhou pelo resto de minha carreira. Uma reprovação não é o fim. É só um novo começo. Hoje, ele me disse, você não provou que é ruim. Você ganhou uma nova chance de provar que é bom.

Começar bem e acabar melhor

RECENTEMENTE, EU TIVE O PRAZER DE CONVERSAR COM UM GRANDE entrevistador, um renomado *head hunter*. Se ele não for o maior entrevistador da História do Brasil, está bem perto disso. Porque, em 34 anos de carreira, ele já entrevistou perto de 25 mil candidatos a emprego. E ele me revelou algo que só se aprende com muita prática. Segundo ele, as duas questões que mais complicam a vida dos candidatos são exatamente as que parecem mais inofensivas – a primeira e a última questões de uma entrevista. A primeira é mais um pedido: "Fale um pouco sobre você". Segundo o entrevistador, raros candidatos parecem se dar conta de que, entre o "fale" e o "sobre você", existe uma expressão adverbial temporal: "um pouco". E aí muito candidato cai na armadilha de querer resolver a briga com um golpe só. E se põe a contar sua autobiografia, desde o tempo em que era um espermatozóide à procura de um óvulo. Dá a cronologia de seus empregos, cursos, experiências e realizações, diz o nome de seu restaurante favorito, explica os livros que leu, menciona seus *hobbies* e, finalmente, perde o fio da meada. Em entrevistas, diz o grande entrevistador, "um pouco" se traduz como "no máximo dois minutos". E "fale um pouco sobre você" é uma frase que serve apenas para iniciar a conversa, não para encerrá-la. A última pergunta é: "Mais alguma coisa que você gostaria de acrescentar? Na verdade, isso significa que o entrevistador já está satisfeito. Porque, se não estivesse, continuaria fazendo perguntas. Mas muito candidato se sente na obrigação de acrescentar a tal "alguma coisa". E aí, ou repete sem necessidade o que já foi dito, ou contradiz coisas que disse antes. Segundo o grande entrevistador, a melhor resposta é: "Não, obrigado pela oportunidade". De resto, ele diz, a entrevista é fácil. Difícil, mesmo, é saber começar e terminar.

Diferencial é ser antes o que todos podem ser depois

Meu avô Antonio, que Deus o tenha, era mecânico. E conseguiu seu primeiro emprego na década de 1920, quando ele tinha 16 anos de idade. Numa seleção em que havia uma dúzia de candidatos mais velhos e mais experientes do que ele, meu avô se destacou por um simples motivo: ele sabia ler e escrever. E, na época, só um, de cada mil brasileiros, sabia ler e escrever. Meu pai, que também era mecânico, conseguiu o primeiro emprego dele porque, além de ter o primeiro grau completo, ele sabia ler manuais em inglês. E só isso o tornava diferente dos outros pretendentes à vaga. Eu consegui meu primeiro emprego porque tinha um curso universitário. Eu me formei em uma escola sem nome e sem prestígio, mas – e daí? – naquela época, pouca gente tinha formação superior, e minha formação me diferenciava. Em termos de cursos, o importante não é qual, é quando. Hoje, para quem ambiciona uma carreira de sucesso, ter um diploma universitário deixou de ser um diferencial. É apenas mais um passo escada acima, mas passou a ser um degrau intermediário, porque a escada aumentou de tamanho. E continua aumentando a cada ano que passa. Quando alguém me pergunta que curso deveria fazer, eu respondo: "Chinês". Por que a China será a grande potência mundial do século XXI?, a pessoa me pergunta. Não, eu respondo, porque só um em cada 5 milhões de brasileiros sabe falar chinês. Num processo de seleção, se todos os candidatos tiverem faculdade, se todos souberem falar inglês, se todos tiverem conhecimento de informática, e se só um souber falar chinês, a chance desse um ser admitido é enorme. O mercado de trabalho não mudou desde os tempos de meu avô Antonio e a regrinha básica continua a mesma: faça o que todo mundo está fazendo, mas faça pelo menos uma coisa que só uns poucos fizeram. Essa coisa é o que se chama de diferencial.

Prepare-se para ser demitido, e você não será

Já houve um tempo em que "ser demitido" era quase sinônimo de "ser publicamente humilhado". Um funcionário dispensado, com ou sem justa causa, ficava marcado para o resto de sua carreira. Era o que se chamava, até 1980, de "sujar a Carteira". Mas até 1980 demissões eram raras. Funcionários só eram demitidos por razões muito óbvias, como desonestidade comprovada ou tentativa de estrangulamento do chefe. Esse tempo acabou. De dez anos para cá, as demissões viraram rotina. Grandes empresas mundiais anunciam cortes de dois, cinco mil, dez mil funcionários. E ainda recebem elogios dos analistas de mercado. A conclusão é simples. Funcionários bons e eficientes, que passaram anos recebendo elogios por seu desempenho, de uma hora para outra podem se ver sem emprego. Logo, uma salutar medida que qualquer pessoa que esteja empregada deve tomar é se preparar para a demissão. Se ela não vier, ótimo. Mas, se vier, quem estiver preparado vai se estressar menos e, com certeza, vai encontrar um novo emprego mais rapidamente. Mas pouca gente se prepara. A maioria dos funcionários acha que as coisas ruins até acontecem, mas só acontecem com os outros. Se você, caro ouvinte, está empregado, há quatro coisas que precisa fazer já, se é que já não fez, porque prevenir é melhor que remediar. A primeira é ter um currículo atualizado. De cada dez pessoas que estão empregadas, oito não têm um currículo atualizado. A segunda, e muito importante, é ter uma lista de contatos, com números de telefone e e-mails. A coisa mais chata que existe é alguém receber uma ligação e do outro lado alguém dizer: "Você se lembra de mim? Nós estudamos juntos em 1989. E aí, tudo bem?". A terceira é ter um fundo de reserva. Deixar um dinheirinho de lado todo mês, para poder passar pelo menos três meses sem aquela angústia de ter que arranjar um novo emprego amanhã porque as contas estão vencendo. A quarta e última é ter um Plano B para se tornar autônomo. Se eu ficar desempregado, e se não aparecer nada, o que eu posso fazer para me virar enquanto a situação não melhora? Finalmente, aquela regrinha de ouro: quem está bem preparado para ser demitido, dificilmente é.

O que vale mais? A teoria ou a prática?

A ouvinte Laura, de Goiânia, que revela ter 38 anos confessos e mais alguns inconfessados, pergunta: "Prezado Max, o que tem mais valor em sua opinião, o conhecimento ou a prática?". Prezada Laura, em minha opinião, a prática vale mais. Mas, nesse caso, minha opinião conta pouco, porque eu não estou contratando ninguém. Na opinião do mercado de trabalho, que é o que interessa, está ficando cada vez mais óbvio que o diploma sem conhecimento vale mais do que o conhecimento sem diploma. Se um candidato a uma vaga se apresentar como "autodidata em administração de empresas", ele será facilmente batido por outro candidato que tenha Faculdade, Pós-Graduação e MBA. Isso significa que as empresas estão dando preferência à teoria? Não. As empresas querem resultados práticos. Mas, do ponto de vista das empresas, é mais fácil ensinar a prática a quem já tenha teoria, do que ensinar teoria a quem só tenha a prática. Além disso, as empresas sentem um genuíno orgulho quando fazem afirmações do tipo "64% de nosso corpo gerencial tem MBA". Profissionais que estão cursando um MBA afirmam que desejam adquirir novos conhecimentos, tornar-se um profissional mais atualizado com as novas tendências, ampliar o leque de opções e blá-blá-blá. Mas, espremendo bem os motivos, a maioria das pessoas faz um MBA porque fazer um MBA impressiona, além de ajudar a criar uma importante rede de relacionamentos. Portanto, Laura, o que você e eu estamos chamando de valor é uma medida subjetiva. A medida objetiva é quanto uma empresa paga pelo conhecimento e pela prática. Na média do mercado, quem tem faculdade ganha 30% mais do que quem não tem, e quem tem MBA ganha 15% mais do que quem só tem faculdade. As boas empresas sabem valorizar seus profissionais dedicados. Mas, como você já percebeu, ser valorizado é uma coisa, e transformar esse valor teórico em dinheiro no bolso é outra.

Uma pequena dúvida entre o Céu e o Inferno

Um candidato a estagiário estava atrasado para uma entrevista. Na pressa, atravessou correndo a rua em frente à empresa, sem olhar para os lados, e foi atropelado por um carro. No instante seguinte, se viu num lugar estranho, cheio de nuvens pelo chão. Sem saber bem o que estava acontecendo, o candidato viu duas portas. Numa estava escrito Céu e, na outra, Inferno. Abriu a porta do Céu e foi recebido por um senhor de barbas brancas. E foi informado que, naquele momento, o Céu não tinha vagas para estagiários. E que deveria voltar no mês seguinte. Enquanto isso, sugeriu o senhor de barbas brancas, o candidato poderia dar uma olhadinha nas condições oferecidas pelo Inferno. Meio desconfiado, o candidato abriu a porta do Inferno e foi recebido por uma simpática recepcionista, que o encaminhou ao gerente de recrutamento. Muito sorridente, o gerente disse que o Inferno estava mesmo precisando de estagiários e abriu uma janela. Por ela, o candidato viu uma multidão de jovens, em volta de uma piscina, dançando e se divertindo. E aí confessou ao gerente que sempre tivera uma visão muito diferente do Inferno. O gerente falou que a imagem negativa do Inferno era um trabalho de marketing da concorrência, e que o Inferno era aquilo mesmo: só alegria e felicidade, e nenhum trabalho. Feliz da vida, o candidato assinou a ficha de inscrição. E foi encaminhado para uma porta. Ao entrar, foi jogado num caldeirão de óleo fervendo. E viu um monte de pessoas gemendo e gritando de dor. Surpreso, o estagiário perguntou a um diabo que estava passando o que estava acontecendo. E o diabo explicou: "Você está sendo castigado porque cometeu os dois pecados mais graves que um candidato a estagiário pode cometer. O primeiro é aceitar o primeiro emprego que aparece. E o segundo é acreditar em tudo o que a empresa promete".

Atualização e adaptação, segundo Henry Ford

O NORTE-AMERICANO HENRY FORD TRANSFORMOU A CARA DO SÉCULO XX ao desenvolver, em 1908, um dos carros mais famosos da história. O modelo T, conhecido no Brasil como Ford Bigode. O Ford modelo T foi o primeiro carro do mundo produzido em grande escala e vendido a um preço acessível. Antes do modelo T, só os ricos podiam ter um carro. Por isso, as fábricas contavam sua produção anual em milhares de unidades. Depois do modelo T, as unidades passaram a ser contadas em milhões, porque a classe média já podia comprar um automóvel. E aí... bom, aí, um dia, no auge do sucesso, Henry Ford resolveu levar a família para passar férias na Europa. Era a primeira vez na vida que ele ficaria dois meses longe de seus negócios. Quando Henry Ford voltou, seus executivos tinham uma surpresa para ele. O protótipo de um novo modelo T, mais atualizado, mais bonito, mais avançado. Aí, diz uma versão da lenda, Henry Ford destruiu o carro com as próprias mãos. Segundo outra versão, mandou destruí-lo. Por puro ciúme. Porque o modelo T era a sua criação, a paixão de sua vida, e ninguém podia mexer nele, ou sequer dar palpite. E o velho modelo T continuou a ser fabricado sem alterações até 1927. Nesse ano, a teimosia de Henry Ford finalmente fez com que a Ford perdesse a liderança do mercado. Liderança que nunca mais seria recuperada nos 75 anos seguintes. Através dos tempos, a lição de Ford vem servindo de exemplo para todas as empresas e todos os produtos. E serve também para as carreiras das pessoas. É preciso mudar, se atualizar e se adaptar. Produtos e carreiras não têm idade. A Coca-Cola já tem mais de 100 anos e continua jovem. A mesma coisa acontece no mercado de trabalho. Não existem profissionais jovens ou velhos. Existem apenas profissionais atualizados ou desatualizados.

Os personagens corporativos

Os insatisfeitos atrapalham ou ajudam?

TODA EMPRESA TEM UM TIPO DE FUNCIONÁRIO MUITO PECULIAR, O insatisfeito. Ele não gosta de regras, detesta burocracia, abomina ordens e acha que trabalhar em equipe é sinônimo de castigo coletivo. Mesmo assim, o insatisfeito consegue desenvolver uma relação produtiva com a empresa. Apesar de viver protestando contra tudo e contra todos, o insatisfeito não pede a conta, nem a empresa pensa em demiti-lo. Porque, apesar da insatisfação, ele traz bons resultados. De modo geral, o insatisfeito passa boa parte de seu dia criticando qualquer coisa que lhe apareça pela frente. Por exemplo, o planejamento estratégico da empresa. A cor da parede do escritório. A rotina. O gosto do café. A lentidão dos colegas. As reuniões improdutivas. A falta de imaginação dos superiores. Se dependesse só da vontade do insatisfeito, praticamente tudo teria que ser mudado imediatamente, para que a empresa ganhasse mais agilidade e mais eficiência. E é exatamente por isso que a empresa tolera a sua rebeldia. Ter muitos funcionários insatisfeitos seria desastroso, porque resultaria no caos absoluto. Mas não ter nenhum também seria um desastre, porque geraria uma perigosa acomodação. O insatisfeito funciona como um amplificador das pequenas mazelas do dia-a-dia. Pode ser que nada seja tão grave como ele apregoa, mas nenhuma de suas queixas é ilusória ou paranóica. Para as empresas, há uma linha que separa o insatisfeito positivo do insatisfeito negativo. O negativo é um anarquista, que desagrega o ambiente de trabalho. Já o positivo é um idealista, que quer genuinamente melhorar as coisas. E a empresa sabe que, no fundo, ele quer o que todos os funcionários também querem. O insatisfeito às vezes é chato, às vezes é folclórico, às vezes é exagerado. No mais das vezes, porém, ele é a voz dos que preferem ficar calados.

O imprescindível é aquele que não parece ser

TODA EMPRESA TEM ALGUÉM IMPRESCINDÍVEL. E É FÁCIL IDENTIFICAR essa pessoa. Ela é exatamente aquela que os outros não acham imprescindível. Uma pessoa que raramente é convidada para participar de uma reunião. Que passa o dia em seu canto, com uma caneta meia-carga no bolso da camisa. Que nunca é convidada a opinar sobre um assunto importante. Assim, enquanto a empresa ferve, o imprescindível fica frio. E a senha para que ele entre em ação é uma palavrinha: "ninguém". Funciona assim. A empresa tem um enorme problema para resolver. Milhões de dados já foram levantados, centenas de cenários já foram considerados, dezenas de especialistas já foram consultados. Mas sempre falta uma informação para completar o quebra-cabeça. E aí o diretor perde a calma e diz: "Mas não é possível. Será que Ninguém sabe isso?". Nesse momento, quando o diretor diz a palavra mágica – ninguém –, alguém se lembra do imprescindível. Ele está na empresa há tanto tempo, que sabe tudo. Lembra de tudo. Participou de tudo. Mas, como nunca teve muita ambição, foi sendo esquecido. Como não usa termos complicados, nem palavras em inglês, é considerado ultrapassado. Nem um quadrinho decente no organograma ele tem. Aos poucos, ele foi se tornando... ninguém. Mas sempre chega aquela hora em que ninguém sabe. E aí o imprescindível sai de sua sombra e dá a informação que todos estavam procurando. E, enquanto todo mundo comemora, o imprescindível já saiu de perto e está tomando seu café num copinho plástico, sem tripudiar nem se vangloriar. O imprescindível é assim. Ele não almeja ser alguém. Só quer fazer seu trabalho em paz, sem incomodar. E quando o diretor diz: "Nesta empresa, ninguém é imprescindível", o imprescindível agradece. Porque sabe que, ali, ninguém é mais ninguém que ele.

A preguiça é a mãe de todas as derrapadas

Um tipo de funcionário que está cada vez mais na marca do pênalti é o que as empresas chamam de "preguiçoso profissional". Ao contrário do preguiçoso amador, que curte um merecido descansozinho de vez em quando, já que ninguém é de ferro, o preguiçoso profissional é aquele que vive atrapalhando o progresso, porque sempre dá um jeito de deixar as coisas para depois. O que está por trás da preguiça profissional é um dos sentimentos mais antigos do mundo: o medo. Como durante milênios a humanidade foi dominada pelos déspotas, ter medo de tudo foi uma maneira prática que os mais sensatos encontraram para sobreviver. E foi naquele período de trevas que apareceram os velhos ditados populares, criados para transformar o medo em razão. Esses ditados sobrevivem até hoje e continuam a ser muito usados. Só que agora viraram sinônimo de atraso. Aqui vão os medos mais comuns. O medo de correr riscos. Típico de gente que diz "quem tudo quer nada tem" e "de grão em grão a galinha enche o papo". São pessoas que criticam qualquer idéia nova, antes mesmo de tentar entendê-la. O medo de tomar a iniciativa. Quem diz "a pressa é inimiga da perfeição" e "devagar se vai ao longe" adora convocar reuniões ou ficar pedindo mais dados, só para adiar uma decisão. O medo de falhar. É o medo preferido de quem gosta de deixar tudo como está e adora uma rotina sem sustos. Os ditados favoritos dessa turma são "seguro morreu de velho" e "mais vale um passarinho na mão que dois voando". O medo de ser mal interpretado. Muitos funcionários acreditam que, se nunca disserem nada, vão acabar sendo chamados de sábios. Por isso, o máximo que dizem é que "em boca fechada não entra mosca". O medo de ter subordinados inteligentes, muito comum em chefes que preferem contratar funcionários medíocres para não correr riscos. A máxima preferida deles é "em terra de cego, quem tem um olho é rei". O medo de se atualizar. Gente que diz "cada macaco no seu galho" e deixa passar a chance de aprender idiomas ou de entender de informática. A preguiça sempre foi a mãe de todos os vícios. Nas empresas, a preguiça profissional vem sendo a madrasta de todas as derrapadas na carreira.

Timidez é traço de personalidade, não doença

A PALAVRA TIMIDEZ VEIO DO LATIM, E EM SUA ORIGEM SIGNIFICAVA "ter medo". Por que as pessoas tímidas são tímidas? Normalmente, porque elas têm medo do julgamento das outras pessoas. Quase sempre, a raiz da timidez está na infância, quando pais excessivamente protetores, ou excessivamente liberais, criaram nos filhos o receio de enfrentar as opiniões alheias. Uma das características da pessoa tímida é que ela, quando fala, não consegue se concentrar no que está dizendo, mas nas reações das pessoas que a estão ouvindo. E é exatamente por temer que essas reações possam ser negativas que os tímidos preferem não correr o risco de falar em público. Essas são as más notícias. Agora, vamos às boas. Timidez não é uma doença. Existem casos, aos montes, de profissionais que são tímidos e nem por isso deixaram de ser um sucesso. Essa gente, simplesmente, transformou a timidez em seu ponto forte, não em um obstáculo. Mesmo assim, muitas pessoas que são tímidas vivem dizendo que precisam se livrar da timidez, porque acham que se sentiriam melhor e mais felizes se fossem expansivas e extrovertidas. Existem, claro, várias maneiras práticas de superar a timidez. Consultar um psicólogo ou um psiquiatra, por exemplo. Ou fazer um curso de teatro, para se desinibir. Ou um curso de oratória, para ganhar confiança. Tudo isso é válido. Mas o melhor tímido, mesmo, é aquele que aprende a conviver em paz com a própria timidez. Um amigo meu conseguiu um emprego graças à sua timidez. Quando o entrevistador perguntou: "Qual é seu maior defeito?". Ele respondeu: "As pessoas dizem que eu sou tímido". E quando o entrevistador perguntou: "Qual é sua maior virtude?". Meu amigo respondeu: "Eu sou tímido mesmo". E explicou que a timidez pode ser um defeito ou uma virtude. Mas só o fato de ele estar ali, sentado na frente do entrevistador, numa boa, sem desmoronar nem entrar em pânico, já mostrava que as pessoas que viam na timidez um defeito estavam todas erradas.

Eficiência demais pode ser prejudicial

EXISTEM PROFISSIONAIS QUE SÃO TÃO BONS NO QUE FAZEM, MAS TÃO bons, que acabam desempregados. Eu tenho um colega, o Clóvis, que passou por uma situação dessas. Em seu primeiro ano na empresa, como supervisor de vendas, o Clóvis começou a construir uma reputação muito positiva, a de superar qualquer desafio que aparecesse na frente dele. O Clóvis era um líder que não tinha medo de cara feia, e foi um dos poucos supervisores a atingir seus objetivos anuais. Por isso, foi promovido, com méritos, a gerente de filial. E seu nome começou a ser falado na empresa inteira. O Clóvis, todo mundo repetia, era capaz de enfrentar, peitar e derrubar qualquer empecilho que tivesse pela frente. No fim do ano, o Clóvis foi promovido a gerente regional e se transferiu para o escritório central da empresa. Aí, foi a vez das outras áreas sentirem na pele a enorme energia do Clóvis. Porque ele não pedia, mandava. Mas, como seus resultados continuavam excelentes, os outros gerentes não tinham muito do que reclamar. A princípio, o Clóvis impôs respeito, o que é bom. Depois, o respeito virou reverência, o que é ótimo. Em seguida, a reverência virou temor, o que já não é tão bom assim. Porque o temor sempre gera conspirações silenciosas. Mas o Clóvis não estava nem aí com os conspiradores de corredor. O negócio dele era resultado, não simpatia. E o Clóvis manteve seu ritmo alucinado e aumentou suas críticas aos colegas mais lentos e menos comprometidos – que, na opinião do Clóvis, eram todos. Até que, finalmente, o Clóvis recebeu a notícia de que, infelizmente, a empresa estava redefinindo o perfil de seus gestores, uma desculpa meio sem pé nem cabeça. Mas a verdade é que o Clóvis, mesmo sendo o mais eficiente gerente da empresa, perdeu o emprego. O problema do Clóvis foi não ter entendido que a fórmula do remédio que pode curar e a fórmula do veneno que pode matar é a mesma. A diferença está, simplesmente, na dose.

O bonzinho nunca reclama

Nas empresas, existem três tipos de funcionário. O ruim, o bom e o bonzinho. Dia mais, dia menos, o ruim vai para fora e o bom vai para cima. Mas o bonzinho continua sempre no mesmo lugar. Apesar de ser simpático e competente, de ser apreciado pela chefia e estimado pelos colegas, sua carreira não deslancha. E o bonzinho não consegue entender o que há de errado com ele. O que há de errado é que o bonzinho não tem aquilo que as empresas chamam de "o perfil". Ele não é agressivo. Não mostra espírito de liderança. Não faz a diferença. Então, para quem está meio em dúvida se é bom ou é bonzinho, aqui vão as cinco características do bonzinho. Primeira, o bonzinho é ouvinte. Numa reunião, evita dar palpite. E está sempre fazendo aquele gesto de positivo com a cabeça. Segunda, o bonzinho concorda com tudo. Principalmente com aquilo que não concorda. Sempre acha que é melhor não arrumar confusão e conversar depois, com mais calma. Terceira, o bonzinho não desafia ninguém. Não gosta de discórdia. Para ele, o empate é sempre um ótimo resultado. Quarta, o bonzinho nunca desabafa. Mesmo quando está uma arara, ele continua com aquela expressão de manequim de loja de shopping. Quinta, o bonzinho detesta aparecer. Se surgir uma daquelas raras oportunidades de matar um dragão e virar o herói da empresa, o bonzinho prefere sentar e ficar esperando o dragão morrer de velho. No fundo, o bonzinho é o funcionário que todo mundo quer ter como colega. Ele não faz intriga, não puxa o tapete de ninguém e está sempre disposto a ajudar quem precisa de ajuda. Por isso mesmo, chefes e colegas preferem que ele continue onde está, contribuindo positivamente para o ambiente de trabalho. Na verdade, o bonzinho está sendo vítima do egoísmo geral e todo mundo lhe daria inteira razão se ele reclamasse. E ele só não reclama porque é bonzinho.

A importância dos Genivais

AS EMPRESAS ESTÃO CHEIAS DE FUNCIONÁRIOS QUE SÃO MUITO MAIS importantes do que aparentam ser. Eu aprendi isso há muitos anos, quando fazia parte de um comitê de empresas que fabricavam produtos derivados de tomate. Todo ano, nós tínhamos que nos reunir com o sindicato dos produtores de tomate para discutir o preço a ser pago pela safra seguinte. Só tinha um problema. Os produtores eram todos japoneses. E só conversavam entre eles em japonês. E a gente não entendia bulhufas do que eles estavam falando. Então, lá íamos nós, cinco diretores de cinco empresas para a reunião. Quem nos levava era um motorista chamado Genival. Moreno, baixinho, e sempre com aquela cara de quem tinha acabado de acordar. Aí, a gente entrava na reunião e oferecia um preço. E os japoneses pediam o triplo. E começava aquela discussão. E os japoneses, confabulando entre eles, em japonês. E o Genival, que não tinha o que fazer, ficava ali cochilando, sentado perto da porta, fora da mesa de reunião. Depois de duas ou três horas de negociação, nosso grupo pedia licença e saia da sala para confabular. E aí o Genival falava: "Por um real eles fecham o acordo". Porque o Genival falava japonês. E os japoneses não sabiam. Então, a gente voltava para a sala e fechava o acordo. Não sei quanto dinheiro nós economizamos pelo fato de ter o Genival conosco, mas foi um monte. Ano após ano, os japoneses do sindicato nunca deram nenhuma importância ao Genival. Mas de todos nós ali na reunião, cinco imponentes diretores e um humilde motorista, o Genival era, de longe, o mais importante. Hoje, as empresas estão cheias de Genivais, mas a maioria delas não se preocupa em fazer o óbvio – descobrir e aproveitar o que cada funcionário pode oferecer de melhor.

O vendedor que só queria ser vendedor

NUMA EMPRESA EM QUE EU TRABALHEI, HAVIA UM VENDEDOR CHAMADO Valdemar. E o Valdemar adorava ser vendedor, tanto que, quando alguém perguntava o nome dele, ele respondia: "Valdemar, com V de vendedor". E o Valdemar era tão bom que, um dia, nós resolvemos promovê-lo a Supervisor. Chamamos o Valdemar, fizemos a comunicação e, quando a gente esperava que o Valdemar fosse saltar da cadeira, abraçar todo mundo e começar a chorar de emoção, ele simplesmente respondeu: "Olha, eu agradeço, de coração, mas não, obrigado". E aí o gerente do Valdemar ficou uma fera. E falou para o Valdemar: "Como assim, Valdemar? A gente te oferece uma chance dessas e você recusa? Você não tem ambição?". E o Valdemar respondeu: "Claro que tenho. Tenho muita. Minha ambição é ser o melhor vendedor desta empresa". Os anos passaram, e o Valdemar continuou em sua função, feliz da vida. E nós começamos a nos perguntar quantos Valdemares não haveria na empresa. Gente que está feliz fazendo o que faz. Que não está disposta a trocar meia hora de convívio com a família, no fim do dia, por 10% a mais de salário e um expediente mais longo. Que não está disposta a mudar de cidade nem a fazer longas viagens. Gente que não faz nenhuma questão de ser promovida, ao contrário do que os ambiciosos gerentes e diretores imaginam. No fundo, quem dá sustentação às empresas são os Valdemares. Os diretores vêm e vão, mas os Valdemares ficam. E eles nem querem mais salário, apenas querem mais respeito. Nas empresas tem dia para tudo, mas todo dia é o "dia do Valdemar", aquele colaborador tão eficiente e tão prestativo, que seus superiores nem sabem o nome dele.

Como lidar com os mentirosos?

Na vida profissional, todos nós ficamos conhecendo vários tipos de mentirosos. Desde os que contam mentirinhas inocentes em entrevistas, até os que contam mentiras enormes para prejudicar os colegas. Mas há um tipo de mentiroso que nem sempre avaliamos com o devido cuidado. É o mentiroso compulsivo. Ao contrário dos mentirosos normais, que mentem deliberadamente, o mentiroso compulsivo acredita na própria mentira. A mentira compulsiva é um distúrbio, como é, por exemplo, a cleptomania, em que a pessoa rouba sem a noção de que está roubando. Do mesmo modo, o mentiroso compulsivo perde a consciência para o fato de estar mentindo. Ele não mente nem para se beneficiar, nem mente para prejudicar alguém. Ele mente porque mente. Estudos científicos revelam que o cérebro de um mentiroso compulsivo é diferente dos cérebros das pessoas normais. Suas mentiras são tão elaboradas e tão cheias de detalhes, que dão a impressão de serem mais verdadeiras do que a própria verdade. Se você trabalha em uma empresa que tem cem funcionários, é bastante provável que um deles seja um mentiroso compulsivo. Eu encontrei alguns durante a minha carreira. E vi suas mentiras causarem grandes estragos, para a empresa e para os colegas. Mas, no primeiro momento, era quase impossível não acreditar nas histórias que os compulsivos contavam, porque elas eram tão minuciosas, que faziam mais sentido do que a própria realidade. Só há uma maneira de descobrir um mentiroso compulsivo. É fazer a ele perguntas sobre pequenas coisas, que só a gente sabe. Como o mentiroso compulsivo não consegue evitar a mentira, ele vai responder dando detalhes que nós sabemos que são falsos. De certa forma, o mentiroso compulsivo é o melhor dos mentirosos. Mas, nem por isso, é menos perigoso.

A cara e o perfil da empresa

Vamos falar um pouco de cirurgia plástica. Ao contrário do que muita gente imagina, um cirurgião plástico não tem esse nome porque usa materiais artificiais, como o silicone e o colágeno, para aumentar bustos e lábios. A palavra plástica já era usada nas cirurgias corretivas antes mesmo da invenção dos plásticos. Em grego, *plastikós* significa "moldar". E tudo começou por causa das guerras. Soldados voltavam para casa sem queixo e sem nariz, e era necessário remodelar o rosto das vítimas. É claro que, assim que os cirurgiões aprenderam as técnicas de reconstrução, não demorou muito para a necessidade ser substituída pela vaidade. Afinar o nariz e aumentar os seios, mesmo que isso não fosse necessário, passou a ser importante para pessoas que queriam parecer mais bonitas, ou aparentar menos idade. Como bem se sabe, a enorme maioria das pessoas, homens ou mulheres, não é agraciada pela natureza com rostos ou corpos perfeitos. A cirurgia plástica caiu do céu para resolver essa situação. Pelo menos, para aqueles privilegiados que podem pagar. Essas pessoas são, então, moldadas. E se tornam, vistas por fora, diferentes do que eram. No mercado de trabalho, a regra é a mesma. Não, nenhuma empresa está exigindo que seus funcionários apliquem botox na testa. Mas as empresas estão exigindo que eles se amoldem a um perfil. Um perfil padronizado de como falar, de como se vestir, de como se comportar. Evidentemente, os autênticos são os que mais sofrem. E os que se amoldam ao perfil são os que têm mais futuro. Estamos vivendo a época do funcionário plástico. E, quando alguém acusa o funcionário plástico de ser artificial, ele reage igualzinho a alguém que fez uma operação plástica. Ou seja, nega. O mundo corporativo não pertence mais a quem é o que sempre foi e tem sempre a mesma cara. Pertence aos que amoldam seu perfil e ficam parecidos com o que a empresa quer que eles sejam.

Dependendo da situação, somos todos líderes

Todos nós já ouvimos a expressão "nesta vida há líderes e há seguidores". E creio que todos concordamos que há mais seguidores do que líderes, porque um líder sempre tem mais que um seguidor. É claro que todo seguidor tem a ambição de se tornar um líder, e a pergunta é: o que se deve fazer para isso acontecer? Na verdade, a resposta é tão simples que parece complexa. Liderança nada mais é do que a capacidade de influenciar um grupo. Um líder tem ambição, energia, vontade de liderar, autoconfiança e conhecimento. Coisas que a maioria das pessoas acha que tem, e tem mesmo. Cada um de nós é um líder em potencial. A parte difícil é saber como passar da teoria à prática. Há duas semanas, eu vi uma empresa fazer uma demonstração prática disso. Ela levou seus funcionários para a beira de um rio, que tinha uma correnteza forte, e botou cinco funcionários, escolhidos ao acaso, dentro de um barco. Cada um ganhou um remo e aí o barco foi solto na correnteza. O objetivo era levar o barco até a linha de chegada, cem metros adiante. A primeira reação foi de pânico, mas não demorou nem dez segundos para que um dos cinco começasse a orientar os outros quatro, coordenando o ritmo das remadas e cuidando para que o barco não virasse nem atolasse na margem do rio. Esse era o líder? Sem dúvida. Só que, quando o barco atingiu a linha de chegada, a empresa tirou do barco o líder e fez os quatro seguidores voltarem ao ponto de partida. E soltou o barco de novo. Aí veio a surpresa: um dos quatro imediatamente assumiu a posição de líder. E o barco chegou de novo a seu destino. Aí, saiu do barco o segundo líder e ficaram os três seguidores. E o barco fez o percurso novamente, sem afundar, porque um dos três liderou os outros dois. Liderança, o exercício mostrou, todos ali tinham. E a lição era simples: quando a situação aperta, o líder sempre aparece. Só que, enquanto a maioria fica pensando no que precisa aprender para se tornar um líder, uns poucos já saem liderando. Na teoria, todos somos líderes. Na prática, o líder é o que aproveita antes a oportunidade de ser líder.

O funcionário-joio, que não contribui e contamina

OUTRO DIA, EU OUVI PELA MILÉSIMA VEZ UMA FRASE QUE A GENTE repete muito em empresas: "É preciso separar o joio do trigo". Não sei se todo mundo sabe o que é joio, mas eu não sabia. E, por isso, fui perguntar para quem entende. Falei com o pessoal do Moinho Santista, que vem comprando e vendendo trigo no Brasil desde os tempos da Princesa Isabel. E um especialista lá do Moinho me explicou que o joio é uma erva daninha que cresce no meio das plantações de trigo. E aí vem a pior parte – o joio é tóxico. Se o joio for moído junto com o trigo, a farinha inteira fica venenosa. E basta um tantinho de joio para envenenar um montão de farinha. Quando eu já estava começando a pensar em nunca mais comer pão nem bolo na vida, o especialista me deu uma boa notícia. A gente só usa a frase hoje em dia porque ela está na Bíblia, não porque o joio ainda seja uma ameaça. O joio foi erradicado. Não existe mais já faz séculos. Isso, no caso da farinha de trigo. Mas não no caso das empresas. Existem muitas empresas que se transformaram em um solo fértil para o desenvolvimento do funcionário-joio. Quando o clima é de fofoca e a temperatura esquenta, um único funcionário-joio é capaz, sozinho, de envenenar todo o ambiente de trabalho. E aí, de intriga em intriga, o funcionário-joio acaba sendo promovido, enquanto o funcionário-trigo fica ali, só criando raiz. Qualquer empresa é capaz de separar o joio do trigo. Só que algumas, por não entenderem muito de botânica, aproveitam o joio e desprezam o trigo.

Os 20% que fazem e os 80% que esperam

QUALQUER EMPRESA, INDEPENDENTEMENTE DO TAMANHO, SE DIVIDE em grupos de dez funcionários. De cada dez, dois trabalham para acelerar os negócios. Outros dois fazem o possível para brecar todas as iniciativas dos dois que querem acelerar. E os outros seis só acompanham a maré. É evidente que os dois que aceleram têm que trabalhar em dobro, por eles e pelos dois que brecam. Uma empresa de sucesso é aquela que identifica e neutraliza os dois funcionários que querem deixar tudo como está. Normalmente, essas duas pessoas não confiam nelas mesmas. E essa insegurança faz com que elas tenham um empecilho para qualquer idéia. A especialidade delas é produzir desculpas. Estão sempre solicitando mais dados para retardar uma decisão, sugerindo reuniões para discutir melhor o assunto, ou pedindo um relatório escrito sobre algo que poderia ser conversado em três minutos. E como as empresas agem com relação a essas duas pessoas? Normalmente, de duas maneiras, e ambas incorretas. Ou fazem de conta que o problema não existe, ou demitem. Demitir, simplesmente, pode ser um erro, porque essas duas pessoas podem ter conhecimentos técnicos valiosos. Além disso, não importa quem seja contratado no lugar delas, a regra dos dez vai continuar existindo e vão aparecer outras duas pessoas em cada dez para tentar brecar o progresso. As empresas mais produtivas são as que incentivam as duas pessoas que querem empurrar e isolam as duas que querem brecar. Assim, os seis que vão para onde o vento estiver soprando se alinharão com as duas mais produtivas. Por outro lado, quando uma empresa resolve dar poder aos dois que só querem manter tudo como está, os seis neutros se juntam a eles, e não há negócio que resista a 80% de funcionários em marcha lenta. E, pior de tudo, os dois que realmente trabalham não agüentam e vão embora. Ou ficam, mas vivem estressados e com insônia, porque é duro tentar plantar quando oito não querem colher.

A natureza dos beija-flores

Ao contrário das demais aves, que voam com o corpo na posição horizontal, o beija-flor voa na vertical. Por isso, suas asas não batem para cima e para baixo, como as de seus colegas de pena, mas para frente e para trás. Essa proeza requer um esforço enorme: o beija-flor precisa bater as asas mais de 60 vezes por segundo, e seu coração bate 1.260 vezes por minuto. É claro que, para ter tanta vitalidade, o beija-flor precisa de energia. Muita energia. Ele consome, a cada dia, entre metade e 3/4 do peso de seu corpo em açúcar. E é aí que vem o grande paradoxo dos beija-flores: nada menos que 80% da energia que eles produzem é gasta apenas para sustentar seu peculiar estilo de vôo. Se um beija-flor aprendesse a retirar o néctar das flores pousando na planta, em vez de ficar batendo asa ao lado dela, ele reduziria sua carga de trabalho em 80%. Teria menos estresse e não sobrecarregaria tanto seu coração. Por que então o beija-flor nunca pensou nessa solução mais cômoda? Porque então ele se transformaria em um passarinho qualquer, e aí teria duas opções na vida: ou ficaria trancado numa gaiola, piando na hora certa e ganhando sua raçãozinha de alpiste, ou viveria uma vida de pardal, voando anônimo pela vida. Ser diferente das outras aves não é a sua opção. É a sua natureza. Nas empresas, existem pessoas que estão sempre fazendo um monte de coisas ao mesmo tempo, freqüentando tudo quanto é curso que aparece, pulando para lá e para cá e, acima de tudo, tendo idéias e dando sugestões. São os beija-flores das empresas. Mas essa gente, quase sempre, é mal entendida pelos colegas de trabalho. O que o funcionário beija-flor chama de "entusiasmo", seus colegas classificam como "falta de foco". O que ele chama de "dinamismo", seu chefe chama de "dispersão". Por que o profissional beija-flor insiste em ser acelerado e criativo, quando seria muito mais fácil ser igual a todo mundo? Porque ser diferente dos colegas não é a sua opção. É a sua natureza.

Organização, método e cargos

Descrevendo os cargos de uma empresa

VAMOS FALAR DA DESCRIÇÃO DE CARGOS. TODA BOA EMPRESA TEM um *Manual de Descrição de Cargos*, que explica o que cada funcionário faz – ou deveria fazer. Como o tema é muito extenso, vamos simplificar. Um organograma se divide em cinco degraus. No primeiro degrau estão os estagiários, auxiliares e assistentes. Essa gente trabalha dez horas por dia e fica cansada. Caso manifeste à empresa esse estado de cansaço, o funcionário do primeiro degrau receberá a recomendação de procurar outro emprego. No segundo degrau, o da supervisão e da média gerência, uma pessoa trabalha onze horas por dia, mas não fica mais cansada. Fica esgotada. E terá direito, ocasionalmente, a uma licença médica. No terceiro degrau, o das gerências de alto nível, o gerente trabalha doze horas por dia e aí ganha o direito de dizer que está extenuado. E será aconselhado a fazer sessões de terapia, cobertas pelo plano de assistência médica. O quarto degrau é o dos diretores. Que trabalham treze horas por dia e não ficam cansados, nem esgotados, nem extenuados. Diretor fica estressado. Só que, no caso dele, a palavra é levada a sério. Se um *trainee* disser que está com estresse, todo mundo vai dizer que é frescura. E diretor estressado faz descanso sabático. Tira um mês e vai escalar o Everest ou fazer o caminho de Santiago de Compostela. O quinto e último degrau é o da presidência. Presidentes trabalham 14 horas por dia e não cansam, nem extenuam, nem estressam. Em sua Descrição de Cargos está escrito que o presidente deve fazer de conta que está acima das fraquezas humanas. E todo mundo na empresa contribuirá para isso, dizendo que o presidente está com ótima aparência, mesmo que ele esteja um lixo. É por isso que qualquer Descrição de Cargos sempre vem acompanhada de outra palavrinha – Descrição de Cargos e Salários. Resumindo, o funcionário comum é pago – e muito mal pago – para ficar cansado. E o presidente é pago – e muito bem pago – para fingir que nunca se cansa.

A real função do vice

LÁ PELO FINAL DO SÉCULO XIX, QUANDO O PODEROSO IMPÉRIO AUSTRO-húngaro começou a entrar em decadência, os cofres reais começaram a esvaziar. Os soberanos, que precisavam da lealdade de seus súditos, mas não tinham mais dinheiro para comprá-la, tiveram então uma grande idéia: passaram a distribuir títulos de nobreza para os plebeus. Assim, o Zezinho das Couves se tornava o Visconde das Couves e, durante algum tempo, continuava leal à nobreza, porque tinha passado a fazer parte dela. Evidentemente, essa esperteza não durou muito tempo, porque o império austro-húngaro acabou desmoronando. Mas a prática da concessão de títulos persistiu, e continua até hoje. O caso mais exemplar é o da proliferação dos títulos de vice-presidentes em empresas. E a tática é simples: um belo dia, os diretores se tornam vice-presidentes, os gerentes ganham títulos de diretores e os assistentes viram gerentes. De modo geral, todo mundo continua fazendo a mesma coisa que fazia antes e ganhando o mesmo que ganhava antes, mas o novo título, impresso no cartão de visita, dá a impressão de um enorme salto profissional. A palavra vice, em latim, significa "em vez de". Numa organização, o vice-presidente decide "em vez" do presidente. Mas, quando existem dez ou quinze vices, o poder de decidir acaba se diluindo e sobra apenas o título, como nos tempos do império austro-húngaro. Esse palavrinha vice, de vice-presidente, veio do latim e é o mesmo vice da expressão vice-versa, que significa "um lado em vez do outro, tanto faz". Tem quem leva o título de vice-presidente realmente a sério, mas também tem quem vê nele apenas uma maneira da empresa conseguir mais comprometimento e mais motivação, sem ter que desembolsar muito por isso. Um colega meu, o Emílio, quando alguém pergunta qual é o título dele na empresa, responde "tanto faz". Ou, traduzindo, ele é vice.

O que é hierarquia?

EU DEMOREI UM POUCO, MAS UM DIA FINALMENTE APRENDI O QUE É hierarquia. Foi assim. Eu estava organizando a convenção de vendas da empresa e achei que seria ótimo se o nosso presidente pudesse fazer a abertura do evento. Aquela coisa, assim, do presidente ir lá na frente, dar um recado rapidinho sobre motivação, declarar abertos os trabalhos do dia e passar a bola. Então, eu cheguei para o presidente e perguntei se ele falaria cinco minutos. Porque, eu expliquei para ele, a agenda do dia era muito apertada e tínhamos muitos assuntos para discutir. O presidente, todo solícito, concordou. E, no dia, subiu no palco e falou cinco minutos. E aí continuou falando. Mais cinco minutos, mais dez, mais quinze. E eu, ali na primeira fila, desesperado. E de repente me veio à lembrança meus tempos de infância, quando eu ia à missa e tinha um padre, o padre Hugo, que nunca conseguia achar o ponto final do sermão. Toda Sexta-feira Santa era o mesmo martírio. O padre Hugo subia no púlpito e começava a contar a paixão e morte de Jesus. Aí, ele crucificava Jesus, ressuscitava Jesus, e depois crucificava e ressuscitava de novo, três ou quatro vezes. E os fiéis ali, só torcendo para o padre Hugo deixar Jesus subir aos céus e acabar de uma vez com aquela agonia. E agora o nosso presidente estava ali, dando uma de padre Hugo. No fim, os cinco minutos do presidente duraram perto de uma hora e a agenda do dia foi para o vinagre. No primeiro intervalo, eu cheguei para o presidente e perguntei se ele tinha esquecido do nosso trato de falar só cinco minutos. E ele, solícito como sempre, respondeu: "Não, não esqueci". E eu perguntei por que ele tinha falado quase uma hora. E ele então, gentilmente, me esclareceu: "Para você nunca mais esquecer quem é o presidente desta empresa". Isso é hierarquia.

Isso, sim, é que é felicidade!

Você não está sendo tratado como merece em sua empresa? Então aqui vai um pequeno consolo. No distante ano de 1870, uma empresa inglesa tomou a decisão de tratar seus funcionários de uma maneira liberal. E o fato gerou muitas críticas de outras empresas, que consideravam aquilo uma utopia. Mas a empresa liberal ficou firme em seus propósitos e distribuiu o seguinte comunicado a seus funcionários.

Primeiro – o expediente da semana irá de segunda a sábado, das seis da manhã às sete da noite.

Segundo – será permitido aos funcionários alimentar-se entre 11:30 e 12:00 horas, mas sem deixar seu local de trabalho.

Terceiro – os funcionários poderão aliviar-se duas vezes por dia. Para isso, devem obter autorização prévia da supervisão e utilizar o jardim ao lado do portão número 2.

Ao fim do comunicado, a empresa liberal informava que aquelas normas mais humanas estavam sendo duramente criticadas pelas empresas concorrentes. Por isso, a empresa liberal esperava dos funcionários uma retribuição na forma de mais produção – algo que hoje chamaríamos de produtividade.

Certamente, alguém deve estar se perguntando: se essa era a empresa liberal, como era o expediente nas demais empresas? Bom, nelas as pessoas trabalhavam sete dias por semana em vez de seis. E o expediente diário tinha 13 horas em vez de 11. Não há registros quanto aos eventuais alívios das necessidades fisiológicas, mas não é difícil concluir que só chefes e supervisores tinham direito a essas regalias.

Portanto, o ambiente de trabalho muda mais devagar do que a gente gostaria. Mas muda. Se no fim do século XIX os funcionários soubessem que nós, os privilegiados do século XXI, teríamos banheiros no escritório e pias com água corrente para lavar as mãos, eles certamente diriam: "Isso, sim, é que é felicidade!".

Tipos de empresas

EXISTEM DOIS TIPOS DE EMPRESAS. AS QUE PROÍBEM E AS QUE INCENTIVAM. As que proíbem são visuais: elas têm normas e regulamentos escritos para qualquer situação. As empresas que incentivam são auditivas e orais: elas escutam e discutem. As empresas que proíbem são individuais. Cada um tem o seu lugar, e as fronteiras entre uma função e outra são claramente definidas. As que incentivam são coletivas. Toda área é aberta para quem quiser conhecê-la ou se transferir para ela. Para as que proíbem, o importante é o segredo. Para as que incentivam, o importante é a divulgação. Nas que incentivam, a resposta para qualquer pergunta normalmente é sim. Nas que proíbem, a resposta é sempre não. Nas empresas que incentivam, é essencial ter boas idéias. Nas que proíbem, é vital ter boas desculpas. Nas empresas que incentivam, é fácil conversar com o presidente. Nas que proíbem, é difícil conversar até com o chefe imediato. A empresa que incentiva tem planos de carreira para seus funcionários. A empresa que proíbe acha que o funcionário só reclama. A empresa que incentiva depende de um sistema de administração. A empresa que proíbe depende de uma pessoa que dá ordens. A empresa que incentiva é boa para quem quer progredir. A empresa que proíbe só é boa para quem manda. O estilo da empresa que incentiva parece infinitamente melhor, mas não é bem assim. Muitas empresas incentivadoras já quebraram, e muitas empresas proibidoras estão conseguindo sucesso. Porque existem dois tipos de funcionários: os que preferem ser incentivados a decidir e a inovar, e os que preferem ser mandados e simplesmente obedecer. Por isso, o sucesso de uma empresa não depende de seu estilo, mas de seu processo de seleção. Um funcionário criativo e inovador, que se sinta amordaçado, oprimido e humilhado não está errado: ele apenas não foi contratado pela empresa certa.

Sete dias sem planejamento

Em qualquer empresa, o Planejamento é uma área indispensável, porém muito mal compreendida. Algumas empresas sofrem por falta de planejamento, enquanto outras sofrem por excesso de planejamento. Planejar é uma palavrinha que significa exatamente o que ela parece significar: aplainar. Deixar um terreno plano para que, no futuro, algo possa ser construído nele. Parece fácil, mas não é, porque o futuro é sempre uma área cinzenta e cheia de obstáculos, nem sempre claramente percebidos. Por isso, o planejador é bombardeado por todos os lados. Se ele só pensa no longo prazo, é acusado de viver fora da realidade. Se ele tenta pensar no curto prazo, é acusado de ser imediatista. E, se ele tenta pensar ao mesmo tempo no curto e no longo prazo, desenvolve uma gastrite. Imaginem um gerente de vendas tendo que fechar a cota deste mês, naquele desespero natural, e, ao mesmo tempo, ter que imaginar como será o mercado daqui a cinco anos. Ou ele faz uma coisa, ou faz outra. E, se tentar fazer as duas, não fará nem uma nem outra. Deus só criou o universo em sete dias porque se ocupou apenas da execução. Se no primeiro dia tivesse criado uma área de planejamento para assessorá-lo, o pessoal ainda estaria discutindo se seria melhor a Terra girar para a esquerda ou para a direita. O papel da área de Planejamento é mostrar como será o terreno sobre o qual o futuro vai ser construído. Como ninguém sabe como será o futuro, o Planejamento monta diversos cenários possíveis e vai mudando esses cenários à medida que novas situações surgem. Para poder fazer isso, os planejadores precisam de tempo e, principalmente, precisam ser afastados das ações de curto prazo. O planejador é alguém pago para enxergar o que o resto não tem tempo para enxergar. Por isso, ele é, ao mesmo tempo, tão necessário e tão mal compreendido.

Desobedeceu, dançou

AUTOCRACIA SIGNIFICA "O GOVERNO DE UM SÓ". EMPRESAS AUTOCRÁticas são aquelas que têm um dono que tudo pode e tudo manda, sem pedir, e nem ouvir, a opinião de ninguém. Em empresas assim, a mera curiosidade de um funcionário já é vista como uma afronta. Um dirigente autocrático acha que qualquer questionamento ao sistema é um pecado, e qualquer sugestão é um sacrilégio. Os resultados da empresa jamais são compartilhados com os funcionários. A área de auditoria é temida e age com a sutileza de um pitbull. E as medidas punitivas são sempre desproporcionais aos erros cometidos. Funcionários criativos são encarados como uma ameaça, porque ter idéias é um monopólio do dirigente autocrático. Quando um funcionário pede demissão de uma empresa autocrática, ele é visto como um traidor da causa, um ingrato que foi incapaz de entender tudo o que a empresa fez por ele. Mas, quando um funcionário é demitido pela empresa autocrática, ele é tratado como um pecador que foi expulso do paraíso. Empresas autocráticas até têm sucesso, mas é um sucesso temporário. Com o passar do tempo, a empresa irá definhar, porque o próprio sistema impede a formação de sucessores. A concentração de poder é tão grande que a vida útil da empresa autocrática tem a mesma duração da vida biológica de seu comandante. Quando, um dia, ele partir para outra existência, será substituído por alguém que lhe foi subserviente a vida inteira. E aí o substituto irá se comportar como um cachorrinho que perdeu o dono e não sabe mais para que lado deve balançar o rabo. Quem trabalha em uma empresa autocrática sabe que nela só existe uma regra. Carreira é sinônimo de obediência. Desobedeceu, dançou.

Cafezinho com o presidente

O OUVINTE MARCELINO, DO RIO, ESCREVEU PARA CONTAR QUE TEVE uma experiência nova. Ele foi convidado para um café-da-manhã com o presidente da empresa em que trabalha. Semanalmente, já faz alguns meses, o presidente vem juntando grupinhos, de uma dúzia de prezados colaboradores, e passa 45 minutos com eles. E chegou a vez do Marcelino participar. Ele conta que nem dormiu direito, empolgado com a chance de conhecer, como ele mesmo disse, "a pessoa por trás do cargo". Mas a conclusão do Marcelino foi decepcionante. Ele relata que o presidente só falou em trabalho e disse o que todo mundo ali no café já sabia. Que os objetivos precisam ser alcançados, que o sucesso da empresa depende do esforço de cada um, e coisas do gênero. O Marcelino esperava que o presidente contasse alguma coisa útil. Por exemplo, como chegou a presidente. Quais erros cometeu na carreira. Como lidou com chefes incompetentes. Ou, então, que pedisse sugestões do pessoal ali presente, o que o presidente não fez. Ou, no mínimo, que mostrasse seu lado humano, contando coisas que nada tinham a ver com o trabalho. No fim, diz o Marcelino, o café serviu para que a imagem do presidente continuasse a mesma que era antes do café, a de alguém distante dos colaboradores. Mesmo assim, o Marcelino procurou ver o lado positivo do encontro. O *croissant* com geléia estava ótimo. Finalmente, o Marcelino pergunta se está sendo crítico demais em sua avaliação. Não, Marcelino. O café com o presidente é uma das novidades nas grandes empresas. Faz parte de um programa de Recursos Humanos. Em teoria, serve para aproximar a cúpula e a base da pirâmide. Tudo no café é controlado, menos uma coisa, o comportamento do próprio presidente. No caso de sua empresa, infelizmente, o café do presidente com os colaboradores serviu apenas para mostrar que o presidente não gosta de tomar café com os colaboradores.

Preço salgado

HÁ DOIS MIL ANOS, UMA MATÉRIA-PRIMA VITAL PARA A SOBREVIVÊNCIA era o sal. Porque deixar a carne secar ao sol, e depois conservá-la com sal, era a única maneira de mantê-la comestível durante vários meses. O sal era tão importante que, no segundo capítulo do livro bíblico do *Levítico*, há uma recomendação aos fiéis. O texto diz: "Em suas oferendas ao Senhor, você deve colocar uma pitada de sal". No mesmo versículo, de apenas cinco linhas de texto, essa recomendação sobre o sal é repetida três vezes. Embora indispensável à vida, naquela época o sal não era abundante, nem era barato. Por isso, o exército romano dividia o pagamento de seus soldados em duas partes. Uma parcela era paga em moedas. Mas a parcela maior era uma espécie de vale, que podia ser apenas trocado por sal. Essa parte do pagamento tinha o nome de *salarium*. Foi daí que surgiu não só a nossa palavra salário, mas também a expressão "preço salgado" para qualquer mercadoria que custasse os olhos da cara. Como o exército romano se manteve motivado, e vencedor, por quase dois mil anos, supõe-se que os soldados estivessem mais que satisfeitos em receber seu pagamento em sal. Hoje, embora o sal tenha ficado barato, a palavra salário continua a ser usada, talvez para lembrar às empresas por que os soldados romanos conseguiram conquistar o mundo. Uma legião de funcionários mal pagos pode até ganhar uma ou outra batalha. Mas só um exército de funcionários bem pagos consegue, consistentemente, vencer todas as guerras. Durante minha carreira profissional, eu conheci várias empresas que pagavam mal a seus funcionários, mas, mesmo assim, elas conseguiram ser um relativo sucesso. Hoje, nenhuma dessas empresas existe mais. No longo prazo, como os romanos ensinaram, a motivação e a vitória serão sempre diretamente proporcionais ao salário pago.

Efeito príncipe Charles

UM PROBLEMA QUE VEM AFETANDO ALGUNS DOS MEUS COLEGAS É O chamado "efeito príncipe Charles". O príncipe Charles, como todo mundo sabe, um dia vai ser rei. Ele nasceu para ser rei, foi preparado para ser rei, e todo mundo fica o tempo todo dizendo que ele vai ser rei, que é só uma questão de paciência. Quando o príncipe Charles era jovem, alguém disse que a mãe dele, Sua Majestade a Rainha, renunciaria quando o príncipe Charles fizesse 25 anos. Ele fez, e ela ficou na dela, só na moita. Digo, só no trono. A promoção a rei foi transferida para quando o príncipe Charles fizesse 30 anos, depois 40, depois 50... E lá está o príncipe Charles, viúvo e casado pela segunda vez, aos 56 anos, esperando a mãe renunciar para que ele, finalmente, se torne rei. Todo dia de manhã ele acorda e alguém diz: "Não se preocupe, caro Charles, é só uma questão de tempo". A mesma frase que meus colegas andam ouvindo nas empresas em que trabalham: tudo é apenas uma questão de tempo. Eles estão preparados para uma promoção, a empresa jura que eles serão promovidos, mas, na hora H, sempre acontece alguma coisa e a promoção fica para depois. E a empresa diz que eles, como o príncipe Charles, precisam ter só mais um pouco de paciência. Não sei o que o príncipe Charles pensa de tudo isso, mas meus colegas que estão mofando há anos no mesmo cargo ficam se perguntando se vale a pena tomar uma atitude drástica. Do tipo: "Ou vocês se decidem, ou eu vou embora". O pior, no caso dos meus colegas, é que eles, até agora, só receberam promessas. O príncipe Charles, além das promessas, tem um monte de mordomias e uma vida cheia de regalias imperiais. Quer dizer, o príncipe Charles pode até esperar a vida inteira, que não vai fazer muita diferença. Mas, para quem já percebeu que está marcando passo na empresa, a melhor saída... é a saída.

Os desafios (e a burocracia!) de cada dia

Como identificar alguém importante na empresa

Se você acaba de ser contratado por uma daquelas empresas que têm muitos funcionários, deve estar encontrando alguma dificuldade para saber quem é quem. Porque, hoje em dia, todo mundo se veste mais ou menos do mesmo jeito – isto é, do mesmo jeito que o diretor se veste. Então, para saber quais são as pessoas que podem vir a ser importantes para seu futuro, aqui vai uma dica. Preste atenção no que as pessoas trazem nas mãos quando estão caminhando pelo escritório. Quanto mais coisas uma pessoa levar nas mãos, menor é o nível hierárquico dela. Se a pessoa estiver segurando uma folha de papel, ela certamente é mais importante do que alguém que esteja carregando um monte de folhas de papel. E infinitamente mais importante do que alguém que esteja carregando um monte de envelopes. E se a pessoa estiver carregando um papelzinho bem pequeno? Aí, é preciso aumentar o número de observações para chegar a uma conclusão. Se a pessoa sempre carrega um papelzinho toda vez que é vista, é um assistente que está levando um número que o diretor pediu. Já se a pessoa só for vista uma vez carregando o papelzinho, é o diretor que não gostou do número que o assistente levou e está indo tirar satisfações com o gerente. E qualquer pessoa que atravesse o escritório sem nada nas mãos é digna de ser observada mais cuidadosamente. Veja para onde ela está se dirigindo. Se ela entrar no banheiro, esqueça. Se ela entrar em uma sala e sentar sem pedir licença, é um diretor. Se entrar em uma sala e alguém que esteja sentado na cadeira imediatamente levantar e sair correndo, aí é um vice-presidente. Ignore pessoas que andam de um lado para outro com um celular nas mãos. São no máximo gerentes de segunda linha. Porque, se tivessem uma posição hierárquica melhor, teriam uma secretária para atender as ligações.

Fábula da empresa burocrática

Para quem não sabe o que é uma empresa estupidamente burocrática, é só imaginar a seguinte situação. Digamos que o mundo vai acabar daqui a duas semanas, no dia 20. Uma empresa burocratizada soltaria o seguinte comunicado. Para: todos os colaboradores. Assunto: fim do mundo. Prezados colaboradores. Como vem sendo amplamente divulgado, o mundo vai acabar no próximo dia 20. Por isso, pedimos a colaboração de todos, na observância das seguintes medidas. Primeiro. Por liberalidade da empresa, não haverá expediente no dia 20. Segundo. No dia 19, véspera da catástrofe, o expediente será encerrado uma hora mais cedo, para a dedetização trimestral de rotina de nossos escritórios. Terceiro. Todos os documentos pendentes devem ser empacotados e enviados ao arquivo morto. Piadas de mau gosto sobre o arquivo morto não serão toleradas pela Direção. Quarto. As carteirinhas do convênio médico devem ser devolvidas até o dia 19 ao senhor Acácio, no Setor de Registros. A não devolução implicará o cancelamento imediato das referidas carteirinhas. Quinto. Ficam proibidas as demonstrações de paranóia coletiva, como as registradas no dia de ontem, quando um grupo de funcionários começou a chorar copiosamente. Se esse fato vier a se repetir, a Direção suspenderá o intervalo para cafezinho. Sexto. A Direção concorda com o argumento de que tudo neste mundo será carbonizado, mas reserva-se o direito de manter a proibição ao tabagismo nas dependências da empresa. Sétimo. Finalmente, no caso de existir algum tipo de vida após a morte, todos os funcionários devem se apresentar no estado em que estiverem, sólido, líquido ou gasoso, para o expediente normal no dia 21. Quem faltar e não se justificar sofrerá as punições previstas no regulamento interno. Bom Juízo Final para todos. Atenciosamente, a Direção.

O exemplo que vem de cima

Quando uma empresa resolve implantar alguma mudança, normalmente ela faz uma campanha interna para mostrar aos funcionários que a mudança vai ser boa para a empresa e melhor ainda para os funcionários. Na prática, porém, a maioria das mudanças acaba dando resultados inferiores aos esperados. Ou porque os funcionários não entenderam, ou porque não quiseram colaborar. Então, a culpa é dos funcionários? Eu acho que não. E vou contar uma historinha prática. Eu trabalhei em uma empresa que tentou, várias vezes, implantar um sistema de uso de crachás. Mas nós, os funcionários, éramos contra. Nós achávamos que os crachás eram desnecessários, porque ali na empresa todo mundo conhecia todo mundo e andar com aquela peça de plástico pendurada no peito não iria melhorar nada para ninguém. A direção da nossa empresa tentou de tudo, até que chegou à famosa solução jurássica: quem não estivesse usando crachá, não entraria para trabalhar. Resultado: todo mundo passou a odiar os crachás e a perdê-los de propósito. Até que um dia eu fiquei sabendo como uma grande empresa havia conseguido fazer com que seus funcionários usassem crachás sem precisar fazer nenhuma campanha e sem gastar um tostão. Foi assim. Um dia, os diretores apareceram usando crachás. E todo mundo começou a se perguntar por que só os diretores tinham crachá. Duas semanas depois, os gerentes também receberam crachás e passaram a usá-los com orgulho, porque os crachás os colocavam no mesmo nível, por assim dizer, dos diretores. Não demorou muito para os funcionários começarem a ficar insatisfeitos com aquela discriminação, e aí a empresa mandou fazer crachás para todo mundo. E todo mundo passou a usar, feliz da vida. A lição é simples: o que faz qualquer mudança funcionar não é a comunicação eficiente. A comunicação ajuda, mas não resolve. O que resolve, mesmo, é o exemplo que vem de cima.

Para que serve uma reunião?

Eu perdi a conta das vezes em que ouvi gente reclamando que reuniões não servem para nada. Todo mundo concorda com isso, do presidente da empresa ao auxiliar de serviços gerais. Na semana passada, eu disparei 50 e-mails para colegas que trabalham em empresas, perguntando como eles encaravam as reuniões. De forma unânime, as respostas revelaram duas coisas. A primeira, é que reunião é a forma mais utilizada pelas empresas para desperdiçar o tempo, o conhecimento e a energia de seus funcionários. A segunda, é que todas as empresas que consultei continuam a fazer reuniões. Quer dizer, há uma enorme contradição entre o que se acha e o que se pratica. E aí fica a dúvida. Se todo mundo concorda que reunião só atrapalha, por que ninguém decidiu, simplesmente, acabar com elas? Porque a alternativa para a reunião é o boato. Sem uma informação oficial sobre o que está acontecendo na empresa, os funcionários começam a deduzir, por conta própria, o que poderia estar acontecendo. Por isso, é muito mais fácil gastar um par de horas numa reunião que, aparentemente, não serve para nada, do que gastar uma infinidade de horas tentando desmentir rumores gerados pela ignorância, no bom e no mau sentido da palavra. Reuniões foram criadas, desde os tempos das cavernas, para evitar que cada integrante de uma tribo passasse a ter idéias próprias, independentes e contrárias à orientação dos líderes. E essa estratégia funciona até hoje. No fundo, a reunião é a forma que as empresas encontraram para evitar que seus funcionários, principalmente os de nível hierárquico mais baixo, comecem a pensar por conta própria. Em sua aparente inutilidade, a reunião evita uma perigosa dispersão. Mas, para isso, não basta só uma reunião. É preciso haver continuidade. É por isso que existe o "re" no começo da palavra "reunião". Em latim, esse "re" significa "novamente". Para unificar os pensamentos, é preciso reunir as pessoas. Ou seja, reunião gera reunião.

Funcionários carentes

De uns tempos para cá, muitas empresas têm derrubado as paredes internas de seus escritórios e usado a extinção das salinhas privativas como um exemplo de empresa moderna. E o resultado é que a produtividade sobe. Isso é uma novidade? Nem tanto. Quando eu comecei a trabalhar, há 30 anos, o escritório de minha empresa não tinha salinhas. Era um imenso salão, onde todo mundo via todo mundo e os gerentes sentavam de frente para os funcionários, vigiando cada movimento e controlando o tempo que cada um passava no banheiro. Até que um dia minha empresa resolveu se modernizar. E construiu salinhas para os diretores e gerentes. Da noite para o dia, o ambiente melhorou e a produtividade subiu. Anos depois, a empresa embarcou na moda dos escritórios abertos, derrubou as salinhas e voltou ao velho salão. E a produtividade subiu de novo. E o ambiente melhorou mais ainda. Em outra empresa em que eu trabalhei, instalei caixas de som para que os funcionários pudessem curtir uma musiquinha durante o expediente. O pessoal adorou. Uma pesquisa de satisfação interna revelou que 90% dos funcionários aprovavam a idéia de trabalhar ouvindo Martinho da Vila e Fafá de Belém. Dois anos depois, começou aquela reclamação de que a música tirava a concentração. Aí, eu fiz outra pesquisa entre os funcionários e, amparado pela opinião de 80% deles, mandei desligar as caixas de som. O pessoal aplaudiu a medida e começou a trabalhar mais feliz. A conclusão é simples. Os funcionários não se tornam mais produtivos porque o escritório tem ou deixa de ter paredes, ou porque tem música ou não tem música. Os funcionários se tornam mais produtivos quando percebem que a empresa está preocupada com eles, está interessada neles e está tentando fazer alguma coisa em benefício deles.

Nossa Pressão

Toda empresa moderna precisa de três coisas para fazer o negócio ir de vento em popa. As duas primeiras normalmente estão escritas em um quadro bonito, que fica pendurado na recepção, para todo mundo ler e decorar. A primeira coisa é chamada de Nossa Missão e a segunda de Nossa Visão. A Nossa Missão é uma frase curta, que explica o que a empresa é. Por exemplo: "Nossa Missão é fabricar os sabonetes mais perfumados do Brasil". Já a Nossa Visão é uma frase um pouco mais longa, que diz o que a empresa quer ser num futuro próximo. Por exemplo: "Nossa Missão é ser a empresa reconhecida como paradigma mundial na fabricação de sabonetes perfumados". A redação correta dessas duas frases permite que a empresa não se desvie de seus objetivos, tanto presentes quanto futuros. Nelas, são baseados os planos e os investimentos que a empresa faz todo ano. Por isso, se a sua empresa ainda não tem a Nossa Missão e a Nossa Visão, pode esperar, porque brevemente ela terá. Essas duas coisas são ótimas, mas só funcionam na prática quando vêm acompanhadas da terceira – A Nossa Pressão. Se a Nossa Visão descreve onde a empresa espera chegar algum dia e a Nossa Missão diz onde a empresa está hoje, a Nossa Pressão diz claramente o que deve ser feito neste minuto. Enquanto a Nossa Visão e a Nossa Missão são escritas, a Nossa Pressão é falada. E, em muitas situações, vem acompanhada de berros e ameaças. Qual dessas três coisas é a mais importante? As duas primeiras, é claro, responderia qualquer empresa moderna. Mas, para os prezados colaboradores, é sempre bom lembrar que muitas empresas ainda nem pensaram em redigir a Nossa Visão e a Nossa Missão. Mas todas elas praticam, todos os dias, a Nossa Pressão. Por isso, o funcionário que quer ter uma carreira de sucesso em uma empresa moderna só precisa fazer três coisas. Entender a Nossa Missão. Embarcar na Nossa Visão. E, principalmente, agüentar a Nossa Pressão.

Métodos nada ortodoxos

Uma das grandes sacadas motivacionais que eu vi em minha vida aconteceu numa reunião de gerentes de vendas. Como acontece em muitas empresas, nosso pessoal de vendas se reunia uma vez por mês para discutir os resultados do mês anterior e falar dos planos para o mês seguinte. As reuniões seguiam um padrão bem definido: o diretor financeiro apresentava os números, o diretor de marketing falava das promoções, o diretor de RH incentivava o espírito de equipe e aí cada gerente regional de vendas explicava o que tinha feito no mês passado e o que estava fazendo no mês em curso. Acontece que, por três meses consecutivos, tínhamos ficado abaixo da meta. Ou seja, o *blá-blá-blá* não estava resolvendo nada. Aí, o diretor de vendas chegou na reunião e disse: "Ficamos de novo abaixo da meta. Pelo terceiro mês. Não tenho mais o que dizer. Por isso, vamos aproveitar o tempo para melhorar nossa cultura. Vamos fazer uma leitura conjunta dos *Lusíadas*, de Luís de Camões". Acho que todo mundo já ouviu falar dos *Lusíadas*, o épico poema português, mas eu não conheço ninguém que tenha tido a paciência de ler a obra inteirinha, até porque ela é absolutamente ininteligível para seres normais como nós. Os *Lusíadas* têm 1.102 estrofes, cada uma com 8 linhas, o que dá, se não me falha a conta, 8.862 linhas. E linhas compridas, cheias de palavras que não se usam mais, desde mil e novecentos e Machado de Assis. Mas, se o diretor mandou, fazer o quê? E aí 15 gerentes, em voz alta, começaram a ler. E depois de uma hora, eles só tinham chegado perto da linha número 700. Faltavam, ainda, mais de oito mil linhas! Foi quando o diretor de vendas disse: "Ok, está ótimo por hoje. Continuamos a leitura na reunião do mês que vem". E no mês seguinte, como que por milagre, as vendas foram 12% superiores à meta. Vendas é assim. Se a motivação não funciona, a tortura sempre resolve.

Sete regras

Projeto é uma série de atividades que vai dar uma vida prática a uma boa idéia. Novos projetos são o oxigênio de uma empresa, porque eles impedem que a empresa continue a fazer sempre a mesma coisa e acabe perdendo o fôlego e se tornando obsoleta. Eu trabalhei em uma empresa que tinha muitos projetos, o que era bom. Mas a maioria deles não dava resultados, o que era ruim. Um dia, cansados de tanto errar, nós decidimos parar e conversar. E logo descobrimos onde estava o problema. Nós sempre fazíamos um monte de mudanças no meio dos projetos. Mas nunca por motivos técnicos. Nós mudávamos o projeto porque as pessoas envolvidas nele mudavam de opinião de repente, ou se omitiam, ou pareciam mais interessadas em discutir com os outros membros da equipe. Nosso problema era de liderança. E nós resolvemos a questão nomeando um líder para cada projeto, com poderes quase ditatoriais sobre a equipe. E criamos para o líder uma série de sete regrinhas, que nós chamamos de *Manual do Nunca*. E os projetos, daí em diante, começaram a dar certo. As sete regras do *Manual do Nunca* eram as seguintes. Primeira. Nunca peça exatamente a mesma coisa para duas pessoas. Por mais claro que você seja, cada uma vai entender de um jeito. Segunda. Nunca acredite que uma pessoa que estudou mais que a outra sabe mais que a outra. Terceira. Nunca dê uma tarefa urgentíssima para um funcionário que tenha tempo livre. Dê para um que esteja superocupado. Quarta. Nunca acredite que um problema já atingiu seu ponto máximo. Tudo sempre pode piorar. Quinta. Nunca acredite na opinião de quem não pode tomar a decisão. Sexta. Nunca delegue coisas que depois você terá que explicar sozinho. Sétima. Nunca tente convencer, se você pode mandar.

Sete fases

A mais perfeita definição das sete fases de qualquer projeto nasceu na Universidade de Ohio, nos Estados Unidos, na década de 1950. De lá para cá, praticamente nada mudou. A primeira fase é a do Supremo Entusiasmo. Durante essa fase, parece que tudo vai dar certo. Todas as perguntas são rapidamente respondidas. E todos os que não acreditam no projeto são prontamente ridicularizados. A segunda fase é a da Relativa Dúvida. Durante essa fase, algumas coisas parecem que não vão dar tão certo. O custo dá a impressão de que será um pouco mais alto que o planejado e o tempo de execução um pouco mais longo do que o previsto no cronograma. A terceira fase é a da Aparente Confusão. Nessa fase, o projeto inicial é revisto, refeito ou simplesmente abandonado. Mas, se ele prosseguir, virá a quarta fase, a da Indicação dos Suspeitos. Nessa fase, o número de relatórios começa a aumentar vertiginosamente, com um único objetivo: salvar a própria pele. Eu tinha um chefe que me dizia: "O mais importante em qualquer projeto é a gente culpar alguém antes que alguém nos culpe". A quinta fase é a da Punição dos Inocentes. Aqueles que, em vez de escrever relatórios, ficaram tentando salvar o projeto. A sexta fase é a do Elogio aos Omissos. Nessa fase, quem não participou do projeto fica com a glória, apenas por não ter embarcado numa canoa furada. A sétima e última fase é a das Lições Aprendidas. Nessa fase, são definidas claramente as normas para que qualquer projeto, dali em diante, não acabe sendo dirigido por um grupo de incompetentes ou inconseqüentes. Pouco tempo depois dessa reunião, os envolvidos nela vão cometer seu único erro. Eles proporão um novo projeto. Que, obviamente, será recebido com um Supremo Entusiasmo.

Esse estranho ser chamado chefe

No final a glória é do chefe!

EM JULHO DE 2004, FORAM COMEMORADOS OS 35 ANOS DE UM GRANde feito da humanidade. A chegada do ser humano à Lua. Exatamente às 23 horas, 56 minutos e 31 segundos, horário de Brasília, o astronauta Neil Armstrong terminou de descer os nove degraus do módulo lunar Eagle e deixou na superfície da Lua a impressão da sola de sua bota do pé direito, tamanho 41. Nem todo mundo lembra do feito de Neil Armstrong. Mas, dos três astronautas da missão Apolo 11, se alguém consegue ser lembrado, é ele. Saber os nomes dos outros dois já é coisa de fanático por astronomia. O que pouca gente sabe é que Neil Armstrong foi o primeiro a pisar na Lua por dois motivos. O primeiro, e mais conhecido, é que ele era o chefe daquela missão espacial. O segundo motivo é que, dos três astronautas, Neil Armstrong era, tecnicamente falando, o menos necessário. O segundo homem a pisar na Lua, Buzz Aldrin, só desceu depois que Neil Armstrong garantiu que tudo estava bem. Porque Buzz Aldrin era o piloto do módulo lunar. Se ele descesse antes e acontecesse alguma coisa errada, Neil Armstrong não conseguiria mais levantar vôo. O terceiro astronauta, que ficou rodando no espaço, Michael Collins, era na verdade o mais importante dos três, porque era o único que conseguiria pilotar a nave espacial de volta para a Terra. Por isso mesmo, permaneceu em órbita, lá em cima, esperando os outros dois. Trinta e cinco anos depois, a chegada do homem à Lua continua sendo um belo exemplo do que é o mundo corporativo moderno. Ou seja, não importa que os funcionários sejam extremamente bem qualificados, nem que executem com perfeição suas tarefas. Porque, no fim das contas, quem acaba ficando com toda a glória... é o chefe.

Como conversar com o chefe

EU JÁ VI MUITOS PROFISSIONAIS SE PREPARAREM CUIDADOSAMENTE, meticulosamente, para fazer uma apresentação. Tem muita gente que até ensaia na véspera, para cronometrar o tempo. Entrevistas, então, nem se fala. Há quem mude até a marca do desodorante para se apresentar bem. Mas muito raramente eu vi algum funcionário se preparar para falar com o chefe. E aquelas repetidas entradinhas na sala do chefe, que sempre começam com a frase "chefe, temos um problema", podem influir muito mais na carreira de um funcionário do que uma ocasional apresentação ou entrevista. Quase ninguém se prepara para falar com o chefe, porque todos sempre acham que já sabem tudo o que irão dizer. E, na hora, percebem que faltam detalhes ou informações. Ou então descobrem que o chefe não tem a mínima idéia do que o funcionário está falando. Estou dizendo isso porque, um dia, eu tive um chefe ótimo. Quando ele me contratou, ele me deu uma folha cujo título era "Como trazer um problema para o chefe". E a folha tinha três perguntinhas, que a gente tinha que trazer já respondidas. Primeira, qual é o problema? Segunda, qual foi a causa do problema? Terceira, quais são as possíveis soluções? Aí, vinha uma observação: o tempo para responder a cada uma das perguntas era de cinco minutos, no máximo. Se fosse preciso esticar o tempo, o chefe decidiria. Em seguida, vinham dois lembretes úteis. Primeiro, se eu precisar de relatórios ou gráficos para ilustrar o que estou falando, devo trazê-los. Segundo, se eu precisar que outra pessoa me apóie ou dê informações, devo levá-la comigo. Trabalhei quatro anos com esse chefe e nunca tive nenhum problema, muito pelo contrário. Principalmente porque, bem lá no pé da folha que ele me deu, havia um asterisco chamando a atenção para o ponto mais importante: Como posso deixar o chefe com a impressão de que foi ele, e não eu, quem resolveu o problema?

Ótimas idéias para o chefe? Só com testemunhas!

Todo mundo conhece a história do ovo de Colombo. Mas a história por trás da história é ainda melhor. A história diz que o Cardeal Mendoza, da Espanha, ofereceu um banquete após Colombo ter descoberto a América. Que, na época, ainda não chamava América, chamava Novo Mundo, mas isso não tem importância. Como muita gente invejosa havia sido convidada para a boca-livre, algumas pessoas se puseram a diminuir os méritos de Colombo, dizendo que qualquer um, com um barquinho e um pouco de sorte, podia ter chegado onde Colombo chegara. Colombo então os desafiou a colocar um ovo em pé. O garçom, que na época também não chamava garçom, chamava Juan, providenciou um ovo fresquinho e todo mundo tentou, mas ninguém conseguiu. Porque ninguém pensou no que Colombo faria a seguir. Quebrar uma das extremidades do ovo. Moral da história, depois que alguém mostra o caminho, é fácil segui-lo. A história é ótima, mas os historiadores afirmam que o verdadeiro pai do ovo não foi Colombo. Foi um arquiteto italiano da Renascença, Filipo Bruneleschi, que havia feito o mesmo truque alguns anos antes. Colombo, que era italiano, sabia da história. Mas os espanhóis não sabiam e ficaram encantados com a criatividade de Colombo. Segunda moral da história. Quando uma idéia é boa e sua autoria é duvidosa, leva vantagem quem tem mais prestígio. No mundo corporativo, é muito comum um funcionário ter uma idéia, e apresentá-la para o chefe. Aí, o chefe diz que a idéia não é boa e pede para o funcionário esquecê-la. Uma semana depois, o chefe apresenta a idéia como se tivesse sido dele e não do funcionário. Terceira moral da história. Só bote um ovo em pé na mesa do chefe se houver testemunhas.

O que não dizer para seu chefe

QUEM NÃO TEM UM CHEFE CHATO JÁ TEVE. E QUEM NÃO TEM NEM teve, um dia com certeza vai ter. Chefe de verdade é aquele que manda pelo prazer de mandar. E os chefes não são assim porque têm algum trauma de infância mal curado. Eles são assim porque são chefes. E a primeira regra de sobrevivência em qualquer empresa é nunca falar mal do chefe. Por pior que ele seja. Então, pensando no bem geral dos subordinados em geral, eu fiz uma pequena pesquisa com cinco dos piores chefes que conheci na vida. Chefes que não aparam os pelinhos do nariz e deixam a cutícula crescer até ficar maior que a unha. Pedi que eles me dissessem quais são as cinco coisas que eles menos gostam de ouvir de seus subordinados. Para minha surpresa, as respostas foram muito parecidas. Então, aqui vão cinco maneiras práticas de irritar o chefe.

É urgente?

Posso interromper?

Chefe, temos um problema.

Estamos fazendo o possível.

Veja bem.

Aliás, qualquer frase que comece com "veja bem" raramente vai para algum lugar. Um dos chefes me disse que a única frase pior que "veja bem" é "com certeza", porque só responde com certeza quem não tem certeza.

Não basta ter uma boa idéia, é preciso ter um bom chefe

Para quem gosta de idéias geniais, nós estamos comemorando 45 anos de uma das idéias mais simples e mais brilhantes do século XX. O bambolê. Que surgiu na Austrália, mas fez fama nos Estados Unidos, com o nome de *hula-hoop*. O bambolê não foi o brinquedo mais vendido da história. Mas foi o que vendeu mais rápido. Em um ano, ele vendeu mais de 100 milhões de unidades e virou uma espécie de mania em todos os países do mundo. Incluindo o Brasil, onde foi produzido pela fábrica Estrela. O bambolê se tornou assim uma espécie de paradigma das idéias que qualquer empresa gostaria que seus funcionários tivessem. Porque o bambolê tinha três coisas que o faziam ser diferente. Primeiro, ele era ridiculamente simples. Segundo, era absurdamente barato para produzir. Terceiro, não precisava nem ser explicado para o consumidor. Era tão óbvio que qualquer criança de dois anos conseguia entendê-lo. Agora, imagine por um instante que o bambolê nunca tenha sido inventado. E imagine alguém chegar para o chefe só com uma folha de papel e um círculo desenhado nela. O chefe pergunta: "O que é isso?". E o funcionário responde: "É um aro de plástico, chefe. Para as pessoas ficarem girando na cintura". E o chefe fica olhando para o funcionário. E o funcionário fica olhando para o chefe, com aquela cara de Michelangelo na Capela Sistina. Se o chefe for normal, ele vai amassar o papel e mandar o funcionário ir fazer alguma coisa mais produtiva. Se o chefe for esperto, ele vai guardar o papel e depois dizer que a idéia foi dele. Se o chefe for um desses chefes que a gente pede a Deus para ter um dia, ele vai mostrar o desenho para a diretoria e dizer que tem um funcionário genial. A empresa que lançou o bambolê tinha um chefe exatamente assim. Mas ele se aposentou há mais de vinte anos e não deixou muitos seguidores. E é por isso que muito funcionário criativo vive tão frustrado hoje em dia. Eles sabem que não basta ter uma grande idéia. É preciso ter um grande chefe.

De olho nos clones das empresas

EM 24 DE FEVEREIRO, COMEMORA-SE O ANIVERSÁRIO DO NASCIMENTO da ovelha Dolly, o primeiro clone mamífero inteiramente desenvolvido em um laboratório. Dolly causou uma revolução na genética, mas também causou, e continua causando, uma inveja danada em muito funcionário que quer ser o clone do chefe. Gente que se veste igualzinho ao chefe, anda e fala como o chefe, tem até os mesmos cacoetes do chefe, e só não tem, ainda, nem o cargo nem o salário do chefe. Há uma frase que diz que a imitação é a forma mais sincera de elogio, e os clones dos chefes se esforçam durante cada minuto do expediente diário para provar que a frase é verdadeira. E, embora muita gente não goste, essa tática de clonagem tem dado certo, profissionalmente falando. Em minhas andanças pelo mundo corporativo, eu pude constatar na prática que, de cada dez funcionários que são promovidos, só três ou quatro, no máximo, são autênticos, têm idéias próprias e não querem imitar ninguém. Os outros seis ou sete são cópias de seus superiores hierárquicos, criados para se enquadrar no que se chama "cultura interna". E que vantagem a empresa leva promovendo gente assim? Uma que nós não vemos como positiva, mas a empresa vê: os clones são previsíveis. Eles significam a continuidade de uma filosofia que tem dado certo e não vão querer virar o sistema de cabeça para baixo. Então ser clone é bom? É, mas sob certas condições. E a principal delas é que o clone só dá certo no ambiente em que foi gerado. Em empresas que nunca mudam, o clone é a garantia de que nada irá mudar. Mas, se a empresa é vendida, algo que está se tornando cada vez mais comum, o clone perde a sua referência e passa a ser visto pelos novos chefes como realmente é: apenas uma ovelhinha, sem pai nem mãe.

Como criticar um funcionário?

QUAL A MANEIRA MAIS EFICAZ DE CRITICAR UM FUNCIONÁRIO? É O SIStema PNP. Que são as iniciais de positivo negativo positivo. Empresas modernas e humanas adotam esse procedimento, que funciona da seguinte maneira: a crítica fica no meio da frase, espremida entre dois elogios. Por exemplo, o chefe chega para o funcionário e diz: "Fábio, sei que você vem se esforçando ao máximo. Só que, se você cometer mais um erro, será despedido. Mas tenho certeza de que isso não vai acontecer, porque você é inteligente". Assim, em teoria, o Fábio ficaria satisfeito, pelo menos do ponto de vista estatístico, porque recebeu dois elogios e só uma crítica. A única desvantagem do sistema PNP é que o criticado só escuta a crítica. Porque é assim que a natureza humana funciona. Imaginem um marido dizer para a mulher, no melhor estilo PNP: "Andréia, esse vestido é muito bonito. Só está um pouquinho justo. Mas, tirando isso, ficou ótimo". E a mulher, se for normal, responderá: "Você está me chamando de gorda, Geraldo?". Por algum motivo, muitos chefes acreditam que elogiar um funcionário é perda de tempo. Mas eu trabalhei numa empresa cujo presidente teve uma idéia genial. Ele instituiu o dia do elogio. Que acontecia na primeira segunda-feira de cada mês. Naquele dia, quando dois funcionários se encontrassem, um tinha que encontrar um motivo, qualquer que fosse, para elogiar o outro. E críticas estavam terminantemente proibidas no dia do elogio. Era até engraçado ouvir um chefe dizer: "Manoel, parabéns! Você é o cara mais criativo que eu já vi para encontrar desculpas esfarrapadas". O dia do elogio tinha um quê de ironia e uma certa dose de falsidade. Mas era o dia do mês que passava mais rápido, mesmo sendo uma segunda-feira. A produtividade aumentava, o humor melhorava, e isso nos dava gás para, nos 22 dias seguintes, agüentar as velhas críticas de sempre.

Só quem conhece o chefe é o subordinado

Esta é uma história incrível, porém verdadeira. Ela me foi contada por um selecionador de pessoal de uma empresa química. Foi assim. A empresa tinha duas vagas em aberto, uma para chefe e outra para assistente. E apareceram dezenas de candidatos, tanto para uma como para a outra. Aí, entra candidato e sai candidato, e nenhum era bom. Os que queriam ser chefes não tinham liderança e os que queriam ser assistentes eram muito limitados. O selecionador já estava ficando preocupado. Até que chega um candidato a chefe. E o selecionador faz aquelas perguntas de sempre. Por exemplo: “Por que você acha que conseguiria ser um chefe eficiente?”. E o candidato responde: “Veja bem, eu tenho todas as características que um chefe precisa ter. Eu gosto de mandar nas pessoas. Eu gosto de ficar sem fazer nada enquanto os outros trabalham. Eu gosto de ficar escrevendo relatórios em vez de tomar decisões. E, acima de tudo, eu adoro reuniões. Sou capaz de passar horas numa sala de reunião, só falando e ouvindo abobrinhas, sem perder o pique. Tudo o que eu preciso é de um assistente que faça o trabalho por mim”. O selecionador, é claro, ficou pasmo. E disse para o candidato que, falando daquele jeito, ele não seria contratado como chefe em nenhuma empresa do mundo. E o candidato respondeu: “É verdade. Mas o senhor deve concordar comigo que eu entendo muito bem o que é ser chefe. Por isso mesmo, qualquer chefe gostaria de ter um assistente como eu”. E o candidato conseguiu a vaga que realmente estava querendo: a de assistente.

O bajulador e a arte do elogio

Todo mundo conhece alguém que poderia ser definido, tecnicamente, como bajulador. Ou, mais comumente, como puxa-saco. Em latim, *bajulus* significa "carregador". Durante séculos, esse foi o nome dado ao empregado que retirava as mercadorias dos navios e as transportava, nas costas, para os armazéns do porto. Ou vice-versa. E aí chegamos ao Brasil, no início do século XX. Como a maioria das mercadorias que circulavam por nossos portos vinha acondicionada em sacas, surgiu uma expressão mais popular para a tarefa, "puxar sacos". Assim como motoristas de caminhão, até hoje, se referem a seu trabalho como "puxar carga". Portanto, "bajulador" e "puxa-saco" eram dois termos muito positivos, usados para definir "um esforçado trabalhador". No Porto de Santos, os carregadores recebiam por saca de café carregada, e sempre havia quem se arriscasse a levar até cinco sacas nas costas – ou 300 quilos de uma só vez! – para melhorar um pouquinho o salário. Mas no fim, como era de se esperar, o empregado acabava ganhando uma miséria. Quem ficava com todo o lucro era o patrão. E foi só uma questão de tempo para que "bajular" e "puxar saco" ganhassem a conotação pejorativa de "esforçar-se até o limite extremo da resistência física, só para fazer a felicidade do patrão". Hoje em dia, nas empresas, o esforço físico dos puxa-sacos foi substituído pela nobre arte de elogiar o chefe. É verdade que o puxa-saco é um ser desprezível, mas não se deve subestimá-lo. Assim como o bajulador que mais puxava sacos era o que caía nas graças do patrão, também o puxa-saco de hoje consegue, com sua conversa fiada, o que bons funcionários não conseguem com sua competência. E por que isso acontece? Porque nove entre dez seres humanos adoram receber um elogio vazio. E chefes, embora alguns não dêem essa impressão, também são seres humanos.

Senta aí, Túlio!

TODA EMPRESA QUER TER UM AMBIENTE SAUDÁVEL DE TRABALHO. POR isso, a empresa precisa saber o que se passa na cabeça de seus funcionários. E há duas maneiras de fazer isso. Uma é a Pesquisa de Clima, em que todos os funcionários são convidados a responder se a temperatura na empresa está fervendo ou se o relacionamento está gelado. A outra maneira é uma cerimônia chamada Avaliação Anual. Nesse dia, o funcionário senta na frente do chefe e diz tudo o que está pensando sobre si mesmo, sobre a empresa e sobre o futuro. Mas, para que um funcionário consiga se sair bem no dia da Avaliação Anual, ele precisa saber dar a resposta certa. E a resposta certa muda conforme o tempo passa. Aqui vai um resumo de como funcionaram as Avaliações através dos tempos. A década de 1970 ficou conhecida como Fase de Levantamento de Expectativas. O funcionário entrava na sala do chefe e o chefe falava: “Senta aí, Túlio. Algum problema?”. E o Túlio respondia: “Hã?”. E o chefe falava: “Certo, nenhum problema. O próximo!”. A década de 1980 foi a Fase da Valorização do Indivíduo. O chefe falava: “Senta aí, Túlio. Algum problema?”. E o Túlio, que já sabia a resposta, dizia: “Não, chefe”. E o chefe falava: “Como não? Tem, sim senhor! E nós vamos traçar o seu perfil psicológico para descobrir qual é”. A década de 1990 foi a Fase da Ênfase nos Resultados Coletivos. O chefe falava: “Senta aí, Túlio. Algum problema? ”. E o Túlio, que já sabia a resposta, dizia: “Ah, sim, vários”. E o chefe falava: “Não tem, não senhor. Nossa última pesquisa mostrou que 97% dos funcionários estão satisfeitos com a empresa. Se você é um dos 3% que não estão, você não tem um problema. Você é um problema”. E finalmente veio a década de 2000. A década do emprego difícil e dos chefes estressados que querem tudo para ontem. É a Fase do Todo Cuidado é Pouco. No dia da Avaliação Anual, o funcionário entra na sala e o chefe diz: “Quem mandou você sentar, Túlio?”.

Relacionamento, uma porta para o emprego

O concorrente mora ao lado

QUALQUER EMPRESA, DE QUALQUER TAMANHO E DE QUALQUER SETOR, sempre sofre com uma praga chamada concorrência. Empresa concorrente, como qualquer um sabe, é aquela que é pior que a nossa, oferece produtos piores do que os nossos, tem funcionários com nível inferior aos nossos, mas, por algum motivo estranho e desconhecido, vende mais do que nós. Uma coisa que eu aprendi na vida é que empresas inteligentes sempre têm concorrentes de bom nível, enquanto as empresas burras têm concorrentes ignorantes. Sempre que uma empresa decide tratar o concorrente como um traste, ela pode esperar pelo pior, porque a reação normal do desafeto será a de partir para a ignorância. E, como se sabe, daí para frente será o caos, porque dois ignorantes jamais chegam a um acordo. Concorrentes são adversários, não são inimigos. Bons concorrentes se ajudam no desenvolvimento do mercado, através de produtos melhores, de inovações e de boas campanhas. Maus concorrentes diminuem a qualidade e promovem guerras de preço, achando que, assim, estarão prejudicando o outro e não a si mesmos. Bons concorrentes cooperam entre si, dentro dos limites legais e éticos. No caso dos funcionários, a coisa funciona da mesma maneira. Funcionários são seres humanos normais, que procuram o sucesso pessoal. Para conseguir isso, terão que superar seus concorrentes, que são os colegas que estão na mesa ao lado. E aí, como enfrentar a concorrência de um colega? Os bons concorrentes conversam. Os maus concorrentes se ignoram. Os bons concorrentes se ajudam. Os maus concorrentes querem prejudicar um ao outro. Bons concorrentes se entendem. Maus concorrentes vivem se desentendendo. No mercado de trabalho, ser bom não basta. O segredo é saber convencer os colegas concorrentes de que somos melhores que eles, mas sem nunca tentar mostrar que eles são piores do que nós.

A importância do *networking* interno

OUTRO DIA, EU RECEBI UMA LIGAÇÃO DE UMA PESSOA QUE TRABALHOU comigo há dez anos. Vou chamá-lo de Airton, entre outras coisas porque o nome dele é Airton. Eu deduzi que o Airton, em teoria, queria saber como iam as coisas, porque ele me perguntou: "Max, como vão as coisas?". E eu respondi com outra pergunta: "Quem está falando?". Aí, o Airton me falou o nome dele e eu não lembrei quem ele era. O Airton então me disse que havia trabalhado comigo, e eu continuei não lembrando. Lá pelas tantas, o Airton esclareceu que a gente não tinha, assim, muito contato. E, finalmente, confessou que nunca tínhamos nos encontrado pessoalmente, apenas trabalhávamos na mesma empresa, mas em prédios diferentes. O círculo de relacionamentos, ou *networking*, é uma das coisas mais importantes hoje em dia. Em muitos casos, vale mais que um currículo. A maioria imagina que fazer um *networking* é conhecer gente de outras empresas. Na verdade, o bom *networking* começa em casa, com as pessoas da própria empresa. E muita gente que está empregada perde a chance de fazer contatos com colegas dos quais poderá precisar daqui a cinco, dez, quinze anos, e que estão ali, bem ao lado, disponíveis para uma conversa. Esse relacionamento interno não tem nada a ver com amizade nem com coleguismo, é apenas, digamos assim, uma poupança profissional. Para que isso funcione, é preciso que o funcionário se torne conhecido dentro da empresa. Que circule por outros departamentos, se apresente, converse, ajude, reparta informações. Se a outra pessoa é simpática ou antipática, receptiva ou mal humorada, não tem importância. O importante é fazer contato com todo mundo, porque ninguém sabe quem estará onde daqui a alguns anos. Pouca gente que está empregada percebe a importância do *networking* interno. O Airton, por exemplo, não percebeu, e só agora está descobrindo como vão as coisas. Sem uma boa rede de relacionamento, as coisas não vão.

Trocando de função por um dia

Todas as categorias profissionais têm o seu dia. É só olhar no calendário para conferir. No mês de março, por exemplo, temos o dia do artesão, o dia do consertador, o dia do meteorologista, o dia do revisor e o dia do vendedor de livros. Nessas datas, os profissionais são justamente homenageados, porque todo mundo merece. Mas eu trabalhei em uma empresa que tinha um dia que não estava no calendário. Era o "Dia do Outro". Na verdade, não era um dia, eram vários dias por ano. Nesses dias, funcionários de um departamento passavam oito horas executando funções que não eram as deles. Os vendedores iam à fábrica para trabalhar como ajudantes de operador de máquina. O pessoal do escritório passava um dia com um vendedor, tirando pedidos e arrumando prateleiras. A turma de marketing ia fazer lançamentos contábeis, e por aí vai. O resultado dessa celebração do "Dia do Outro" era um grande aumento no respeito mútuo. Em qualquer empresa, é comum uma área sair falando mal de outra área, pelo simples motivo de não entender em detalhes o que a outra área faz. Para um vendedor, não existe nada mais fácil do que ser operador de máquina numa fábrica, até porque as máquinas fazem tudo sozinhas e o operador só precisa apertar um botão de vez em quando. Um funcionário administrativo, cujo trabalho via de regra é baseado na rotina, não entende por que a venda pode cair de um mês para outro, se todas as condições permanecem iguais. Mas o "Dia do Outro" trazia também um aumento na auto-estima geral. Quem visitava outra área sempre voltava gostando mais do que fazia, porque o trabalho dos outros parecia mais monótono, menos desafiante, menos cerebral, ou coisas do gênero. Finalmente, o "Dia do Outro" aumentava a confiança de todos em todos, porque quem recebia um visitante executava seu trabalho daquele dia com perfeição. E, em qualquer empresa, quando um acha que o outro é bom, todos se tornam ótimos.

O sucesso consiste em não fazer inimigos

Nas relações humanas no trabalho, existem apenas três regras. Regra número um. Colegas passam, mas inimigos são para sempre. A chance de uma pessoa se lembrar de um favor que você fez a ela vai diminuindo à taxa de 20% ao ano. Cinco anos depois, o favor será esquecido. Não adianta mais cobrar. Mas a chance de alguém se lembrar de uma desfeita se mantém estável, não importa quanto tempo passe. Exemplo: se você estendeu a mão para cumprimentar alguém em 1997 e a pessoa ignorou sua mão estendida, você ainda se lembra disso em 2006. Regra número dois. A importância de um favor diminui com o tempo, enquanto a importância de uma desfeita aumenta. Favor é como um investimento de curto prazo. Desfeita é como um empréstimo de longo prazo. Um dia, ele será cobrado, e com juros. Regra número três. Um colega não é um amigo. Colega é aquela pessoa que, durante algum tempo, parece um amigo. Muitas vezes, até parece o melhor amigo. Mas isso só dura até um dos dois mudar de emprego. Amigo é aquela pessoa que liga para perguntar se você está precisando de alguma coisa. Ex-colega que parecia amigo é aquela pessoa que você liga para pedir alguma coisa, e ela manda dizer que no momento não pode atender. Durante sua carreira, uma pessoa normal terá a impressão de que fez um milhão de amigos e apenas meia dúzia de inimigos. Estatisticamente, isso parece ótimo. Mas não é. A *Lei da Perversidade Profissional* diz que, no futuro, quando você precisar de ajuda, é provável que quem mais poderá ajudá-lo é exatamente um daqueles poucos inimigos. Portanto, profissionalmente falando, e pensando a longo prazo, o sucesso consiste, principalmente, em evitar fazer inimigos. Porque, por uma infeliz coincidência biológica, os poucos inimigos são exatamente aqueles que têm boa memória.

Os três estágios de reconhecimento profissional

Existem três degraus de reconhecimento profissional. O respeito, a admiração e a reverência. O respeito vem do conhecimento. E a admiração vem da capacidade de transformar o conhecimento em resultados. Um professor é respeitado pelo que aprendeu, mas é admirado pela habilidade de ensinar. Um executivo é respeitado por seu currículo, mas é admirado pela capacidade de obter lucros. O último degrau dessa escala é a reverência. Uma pessoa é reverenciada quando ela parece saber tanto, mas tanto, que ninguém se atreve mais a contradizer o que ela diz, ou faz. Numa empresa em que trabalhei, eu presenciei um caso exemplar de reverência. Tivemos uma reunião com um profissional que era considerado um dos maiores especialistas do mundo em legumes. Durante a apresentação, a mesa de reunião parecia uma feira livre, com cestas cheias de legumes. E os apresentadores ali, se esforçando para impressionar o especialista, mostrando gráficos de plantio, de adubação, de precipitação pluviométrica... Eram números que não acabavam mais. Foi quando o especialista pegou uma cenoura de uma cesta. Aí, ele tirou um canivete do bolso, e cortou a cenoura no sentido da longitude, em vez de cortá-la em rodelas. Ninguém ali tinha visto aquilo antes. O especialista olhou as duas longas metades da cenoura, sorriu, e guardou o canivete, sem dizer nada. Imediatamente, alguns dos presentes foram buscar facas para repetir o inusitado corte. E começaram a perceber detalhes que nunca tinham percebido antes. O murmúrio geral foi aumentando, até que alguém parou a reunião e pediu para o especialista relatar o que um corte longitudinal na cenoura poderia revelar. E ele, surpreso, respondeu: "Nada. Eu só estava testando a lâmina do meu canivete novo". Reverência é isso. Não é o que a pessoa sabe. É o que as outras pessoas imaginam que ela saiba.

Para sobreviver é preciso criar sinergias

EM EMPRESAS, É MUITO IMPORTANTE ENCONTRAR SINERGIAS. SINERGIA é uma palavrinha grega que significa "funcionar junto". Mas no começo a palavra não tinha nada a ver com empresas. Sinergia era um termo científico. Os cientistas começaram a perceber que dois elementos, que tinham pouco ou nenhum efeito quando eram usados isoladamente, poderiam produzir resultados incríveis se fossem misturados. Foi o que aconteceu com os chineses no século IX. Eles misturaram três elementos inocentes – o enxofre, o salitre e o carvão – e criaram a pólvora. Mas a sinergia não parou por aí. Alguns séculos depois, foi inventado o canhão, e foi a sinergia da pólvora com o canhão que mudou o mundo. Até então, os poderosos construíam seus castelos bem no alto das montanhas, que era o lugar mais inacessível para uma invasão. Com a sinergia entre o canhão e a pólvora, os castelos se transformaram, da noite para o dia, nos alvos mais fáceis do mundo. Era só apontar o canhão para o alto e disparar. Aí, reinos fortíssimos foram derrubados e o poder mudou de dono. E é exatamente isso que as empresas de hoje em dia querem evitar. Toda empresa que um dia pensou que era uma fortaleza acabou, cedo ou tarde, sendo pulverizada por um concorrente mais esperto. E é por isso que fabricantes de produtos diferentes, mas compatíveis entre si, se juntam e formam uma sinergia. Carros e pneus, por exemplo. Isolados, eles são bons. Juntos, se tornam fortes. Para os funcionários, a regra é a mesma. Duas áreas trabalhando em conjunto sempre obtêm resultados melhores. E o funcionário que está sempre procurando e oferecendo ajuda vai resistir melhor do que quem imagina que consegue fazer tudo sozinho. Como nos velhos tempos da pólvora, cada funcionário deve estar ciente de que seu cargo é um castelo. E, para sobreviver, é sempre sábio procurar sinergias com os chefes, porque eles têm o poder para disparar o canhão.

Você se lembra de mim?

UMA EXPERIÊNCIA MUITO DESAGRADÁVEL QUE TODOS NÓS PASSAMOS de vez em quando é alguém chegar no meio do nada e perguntar: "Você está lembrado de mim?". Porque, nove em dez vezes, a gente não tem a mínima idéia de quem seja aquela pessoa. E ela lá, olhando pra nós. E nós ali, disfarçando. E nove em dez vezes, a gente dá a resposta errada: "Claro que lembro". E aí fica tentando adivinhar ou conseguir alguma pista. O erro, numa situação dessas, não é de quem não lembra do nome, é de quem fez a pergunta. Assim como qualquer produto gasta rios de dinheiro para consolidar uma marca, um profissional tem que estar preocupado, desde o primeiro dia em que começa a trabalhar, em consolidar o seu nome. Nosso nome é nossa primeira marca registrada. Se nós não conseguimos fazer com que as pessoas lembrem do nosso nome, como podemos querer que elas lembrem dos nossos resultados? No *Evangelho de São João* está escrito que a primeira providência que Jesus de Nazaré tomou ao iniciar sua vida pública foi a de fazer o povo acreditar em seu nome. Os milagres vieram depois. Nas empresas é a mesma coisa: a construção de uma carreira tem que começar pela construção de um nome. As pessoas mais bem-sucedidas que eu conheço, aquelas de quem eu me lembro bem do nome, sempre começam qualquer conversa dizendo o próprio nome, mesmo que isso já não seja mais necessário, porque todo mundo sabe o nome delas. Essas pessoas têm um nome porque são bem-sucedidas ou são bem-sucedidas porque têm um nome? É claro que todas elas começaram pelo mais fácil, repetindo o nome até que ele ficasse bem grudado na memória de quem interessava. Depois é que veio o sucesso... e os milagres.

A política dentro das empresas

A REVISTA *EXAME* PUBLICOU UMA PESQUISA INTERESSANTE. A PERGUNTA era: "Você faz política corporativa para ter sucesso em sua carreira profissional?". E o resultado foi um empate técnico. 49% responderam que não. E 51% que sim. E não é difícil concluir que aqueles que responderam "não" enxergam a política dentro da empresa como algo condenável, que só serve para beneficiar os mais espertos em detrimento dos melhores. Já os que responderam "sim" entendem que saber costurar alianças e divulgar bons resultados é uma estratégia pessoal muito importante, desde que feita com ética. Minha experiência em empresas me mostrou que as pessoas que dedicam parte de seu tempo a fazer política corporativa acabam, de fato, conseguindo mais promoções e melhores salários. O problema dos que não concordam com essa atitude talvez esteja na própria palavra "política". Ela tem, hoje em dia, graças aos esforços de nossos parlamentares, uma conotação extremamente negativa. De modo geral, nossos políticos perderam a confiança do povo. Ninguém acredita mais neles. Seus discursos são vazios. Eles são vistos como aproveitadores, sempre dispostos a botar no próprio bolso um dinheiro que poderia estar sendo usado em educação e em obras sociais. Por isso, muitos funcionários acreditam, e com razão, que ser chamado de "um bom político" dentro da empresa parece mais uma crítica do que um elogio. A verdade é que, com raríssimas exceções, todos somos políticos. Às vezes, temos que engolir alguns sapos, outras vezes temos que falar alto para sermos ouvidos, ou fazer propaganda de nossas boas virtudes. No mundo corporativo, a questão não é se a política é boa ou ruim. A questão é que ela existe e sempre existirá. Hoje, 49% dos funcionários estão vendo a política na empresa como uma ameaça que precisa ser combatida. E 51%, como uma oportunidade que pode ser aproveitada. Qual lado está certo? A decisão, democraticamente, é de cada um.

Pequenos cuidados

Subir na vida profissional é uma questão de detalhes. Por exemplo, o mau hálito. Eu não conheço nenhum diretor ou presidente de empresa que tenha mau hálito, e acho que o motivo é simples: quem tem mau hálito já é barrado na porta do baile corporativo. É claro que ninguém vai ser dispensado de uma empresa só porque tem mau hálito, mas eu já vi muita carreira desacelerar por causa disso. Conversar com alguém com mau hálito é uma das experiências mais penosas que existem, porque quem tem mau hálito tem também aquela mania de falar bem pertinho da cara da gente. Aí, numa conversa, quem sente aquele bafo dá um passo para trás. E o sujeito com mau hálito dá um passo para frente. Cinco minutos depois, os dois já estão a 20 metros de onde começaram a conversar. Agora, uma notícia muito importante: todo mundo tem mau hálito. O que varia é o grau de intensidade. A boa notícia é que existe um teste prático para medir o mau hálito, que não requer prática nem habilidade. É o seguinte. Coloque a língua para fora da boca, o mais possível. Mais um pouco. Isso. Agora, dê uma lambida no pulso com a parte posterior da língua, aquela que fica na garganta quando a boca está fechada. Agora conte devagarinho até cinco. E cheire o pulso a dez centímetros de distância. Sentiu? Pois esse é o mesmo cheiro que as pessoas sentem quando falam com você. Mas não se preocupe, há várias maneiras de resolver o problema facilmente, e a melhor delas não é passar a vida mascando chiclete. É consultar um dentista ou um otorrino. A carreira vai agradecer, e os colegas também. Ah, um último lembrete: nunca faça o teste da língua na frente da secretária da Diretoria, porque ela pode pensar que é assédio sexual.

Criatividade

O que é ser criativo?

HOJE EM DIA, QUANDO UM CANDIDATO A EMPREGO É ENTREVISTADO, há uma palavrinha mágica que sempre é mencionada na entrevista. Criatividade. O interessante é que é quase impossível encontrar algum candidato que não se ache criativo. Mas existe um par de perguntinhas práticas que resolvem a situação. Se você está empregado, este é um bom exercício para testar sua criatividade. Vamos lá. Qual foi a última idéia que você teve e que foi aprovada e implantada? Quando isso aconteceu? Se foi há mais de três meses, já está na hora de ter outra idéia. Se já faz um ano, das duas uma: ou você está num período de crise criativa, ou está trabalhando em uma empresa que não gosta de novas idéias. Existem empresas assim? Claro que não. Mas existem empresas mais conservadoras, e elas têm pavor de idéias radicais. Só que isso está longe de ser um problema. Porque criatividade não é ter uma grande idéia que vai mudar o mundo. É ter idéias pequenas e simples, mas constantes, que vão mudando a empresa sem que quase ninguém perceba que isso está acontecendo. Então, na maioria das empresas brasileiras, ser criativo não é ser um gênio. É ser só um pouquinho diferente. É olhar para as mesmas coisas de sempre, para a velha rotina, só que de um jeito novo e um pouquinho diferente. É saber questionar sem assustar. Logo, vamos voltar às três perguntas iniciais: Você é criativo? Qual foi a última pequena idéia que você teve e que foi aprovada e implantada? Quando isso aconteceu?

A diferença do enrolador e do criativo

Um dos desafios de qualquer empresa é dar espaço para que seus funcionários mais criativos possam ter idéias. O problema é que muitos desses funcionários, que seriam capazes de contribuir com ótimas sugestões, não têm a palavra "criativo" escrita na testa. Muitas pessoas criativas, na verdade, nem parecem criativas. Muitas delas são tímidas e precisam ser incentivadas a sair da casca e mostrar sua criatividade. Por outro lado, existem funcionários que têm o dom da palavra e enrolam todo mundo com uma incrível facilidade. Mas não sabem pensar. Para sobreviver profissionalmente, o enrolador tem que sugar as idéias alheias e apresentá-las como se essas idéias fossem dele. Pior, quando o enrolador e o criativo se defrontam, a impressão que fica é que o enrolador é criativo e que o criativo é um incapaz. Na maioria das empresas, para cada funcionário genuinamente criativo, porém enrustido e apagado, há pelo menos três genuínos enroladores que aparecem muito e brilham mais ainda. Para entender como isso funciona, basta traçar uma espécie de linha de geração de boas idéias e colocar num extremo dela o criativo e, no outro extremo, o enrolador. Agora, é só pegar a linha e transformá-la em uma ferradura. O funcionário normal ficará lá no alto, no centro da curva, enquanto os extremos, lá em baixo, quase se tocarão. Assim, o enrolador e o criativo estarão muito mais próximos um do outro do que das pessoas normais. E é exatamente essa proximidade que confunde as empresas, e elas ficam sem saber em que extremo da ferradura estão as pessoas que realmente poderiam contribuir com as melhores idéias. Por isso, não raramente, os enroladores acabam sendo tratados como se fossem criativos. E os criativos são tratados como se fossem enroladores.

Idéias boas e simples

Criatividade e simplicidade são duas palavras que estão ficando cada vez mais distantes uma da outra. A maioria das pessoas acredita que uma idéia criativa e original deve, necessariamente, ser complicada. Porque, se for simples e óbvia, nem será levada em consideração. Há alguns anos, eu participei de um seminário de criatividade. Éramos uns 30 participantes, e cada um recebeu um pedacinho de arame, com 13 centímetros de comprimento. O trabalho consistia em fazer alguma coisa criativa com aquele arame. Menos de cinco minutos depois, todos os participantes, sem exceção, apresentaram orgulhosamente a originalíssima idéia que tinham tido. Exatamente a mesma idéia. Um clipe. E todos ficamos olhando uns para os outros, surpresos. O clipe é o triunfo da simplicidade. São apenas oito dobras fáceis. Que podem ser feitas à mão, sem auxílio de nenhum aparelho. E sem necessidade de experiência prévia, nem de conhecimento específico. E, melhor, sem praticamente nenhum custo. Nenhuma outra invenção humana tem uma relação de custo e benefício melhor que a do clipe. Ele foi inventado em 1899 por um norueguês chamado Jan Vaaler. E, até hoje, não foi criado nada melhor para substituir um clipe. Anualmente, são produzidos no mundo 20 bilhões de clipes, três para cada terráqueo. Como a humanidade produz documentos em papiro ou em papel há pelo menos três mil anos, é espantoso que tanto tempo tenha sido gasto costurando, amarrando, ou colando folhas de papel, antes que alguém tivesse tido uma idéia tão simples e tão iluminada quanto a do clipe. Por algum motivo, nós, do século XXI, associamos a criatividade à complicação. Nas empresas em que trabalhamos, muitas idéias novas e simples estão debaixo de nossos narizes. Mas nós as descartamos, ou nem as notamos. Apenas porque nos recusamos a acreditar que uma grande idéia ainda possa ter a simplicidade de um clipe.

O criativo não precisa ser um gênio

NUMA EMPRESA EM QUE EU TRABALHEI, NÓS TÍNHAMOS, UMA VEZ POR ano, um Seminário de Criatividade. Juntávamos pessoas de várias áreas e simplesmente deixávamos que elas pensassem, conversassem e discutissem. Não havia um método, e sequer existiam objetivos pré-definidos. Mas muitas idéias ótimas, de reduções de custo ou de aumento de produtividade, saíram desses seminários. A única recomendação que nós dávamos aos participantes era a de pensar simples. Não estávamos esperando idéias mirabolantes, que iriam requerer milhões em investimentos. Estávamos interessados naqueles pequenos aperfeiçoamentos, que, somados, podiam render um caminhão de dinheiro no fim do ano. Por isso, o símbolo que escolhemos para o Seminário foi o botão. A origem dos botões remonta quase à Pré-História. Durante milhares de anos, os botões foram pregados nas roupas para servir apenas como enfeite. Mais tarde, começaram também a identificar os postos dos militares. Foi só no século XVIII que alguém olhou para um botão, pensou um pouco, e teve uma idéia brilhante. A casa do botão. Um simples corte no tecido. E foi aí que o botão finalmente ganhou sua aplicação prática. Abotoar. Hoje, quem olha para um botão demora um pouco até se convencer de que foram necessários milênios de história até alguém ter uma idéia tão simples, e tão óbvia, como a casa do botão. E esse era exatamente o espírito de nossos Seminários. Nós queríamos apenas que nosso pessoal olhasse para as coisas óbvias da empresa, como se as estivessem vendo pela primeira vez. E enfatizávamos que o criativo não precisa necessariamente ser um gênio. Só precisa enxergar o que qualquer pessoa normal poderia ter enxergado. Como, por exemplo, a casa do botão.

Empresas que não sabem valorizar a criatividade

UMA EMPRESA, PREOCUPADA COM SUAS DESPESAS, RESOLVEU INSTI-tuir um concurso de redução de custos. Todos os funcionários foram convidados a participar e as regras eram apenas duas, e bem simples. Primeira regra. A idéia precisava gerar uma economia que pudesse ser quantificada. Era para evitar que os funcionários apresentassem sugestões para melhorar o ambiente de trabalho, acreditando que isso geraria mais produtividade. O que pode até ser verdade, mas não é fácil de ser medido. Segunda regra. O investimento necessário para a implantação da idéia deveria se pagar no máximo em 30 dias. Assim, a empresa conseguiria um retorno de curtíssimo prazo e evitaria aquelas sugestões para gastar agora e economizar só ano que vem. E aí vinha o grande incentivo. Para cada idéia que fosse aprovada, a empresa oferecia um prêmio de mil reais. Então, apenas meia hora depois que o concurso foi lançado, a empresa já recebeu a primeira sugestão, para surpresa e alegria dos organizadores. E a idéia era bem criativa: o funcionário que a apresentou propôs reduzir o prêmio de mil reais para quinhentos reais. A sugestão se encaixava direitinho nas duas regras do concurso: era perfeitamente quantificável e o retorno era imediato. Mas a empresa, achando que aquilo era uma gozação, não apenas rejeitou a idéia como ainda advertiu o autor dela. Resultado: todos os funcionários ficaram sabendo e consideraram a atitude da empresa antipática. Daí, ninguém mais apresentou idéias e o concurso morreu. Como tudo na vida corporativa tem uma lição, essa também tem: independentemente do mérito da sugestão, a empresa tinha cometido um erro enorme: o de desprezar um funcionário bem humorado, capaz de pensar rapidamente e criativamente. Quantos outros iguais a ele existiriam na empresa? E quantas boas idéias práticas essa gente poderia ter gerado, se fosse incentivada? Por ter sido quadrada, a empresa perdeu a chance de descobrir. E, pior, continuou a perder dinheiro.

Os inusitados ângulos de uma mesma questão

QUALQUER SITUAÇÃO PODE TER VÁRIAS INTERPRETAÇÕES. E TODAS elas podem ser corretas. Nas empresas, muitos problemas acontecem quando a maioria se recusa a admitir que a minoria também pode estar certa. Certa vez, eu participei de um curso em que os participantes receberam uma folha de papel em branco, e tinham que responder a uma pergunta: "O que você vê na folha?". O que você, caro ouvinte, responderia? No curso, 80% dos participantes rapidamente deram a resposta óbvia e pragmática: "Vejo uma folha em branco". Mas alguns colegas foram mais criativos em suas respostas. Um engenheiro respondeu: "Vejo fibras de celulose tratadas e prensadas". Um sonhador respondeu: "Vejo meu futuro, que ainda não foi escrito". Um marqueteiro respondeu: "Vejo todo o espectro de cores, porque a fusão de todas as cores resulta no branco". Um psicólogo respondeu: "Vejo a imensidão do nada". E um colega, bastante pragmático, respondeu: "Vejo uma folha de papel que me poderá ser de muita utilidade, numa situação de emergência". Na hora de avaliar as respostas, os 80% que só viram a folha exatamente como ela era, um pedaço de papel em branco, fizeram muitas gozações com os que tinham ousado enxergar além da brancura do papel. E, só a muito custo, admitiram que as demais respostas também estavam certas. Essa é a sina das pessoas criativas nas empresas: elas sempre vêem uma situação comum por um ângulo inesperado e, no mais das vezes, são ironizadas por enxergar o que os outros não enxergam. Os criativos são uma minoria e nem sempre têm razão, mas uma coisa é certa: no mínimo, vale a pena escutá-los, porque eles dão respostas mais interessantes.

Ver o que não existe

A PALAVRA "IDÉIA" VEIO DO GREGO, MAS A PALAVRA GREGA ORIGINAL significava, apenas, "enxergar". Era uma ação puramente visual e não tinha nada a ver com criatividade. Foi só no século XV que os franceses deram à palavra "idéia" a conotação abstrata que ela tem hoje, a de enxergar o que ainda não existe. E, talvez, nem venha a existir. Porque, da palavra "idéia", derivou a palavra ideal, um estado de perfeição que só existe na imaginação das pessoas. Como, por exemplo, o marido ideal, a mulher ideal ou o funcionário ideal. Não por acaso, um dos ditados mais repetidos através dos séculos – errar é humano – surgiu por culpa das idéias. O primeiro ser humano que construiu, em sua própria imaginação, um barco, certamente deve ter afundado nas primeiras tentativas de fazer com que ele boiasse. E seus colegas de tribo, que não acreditavam em idéias, com certeza disseram que pensar era muito arriscado e fazia mal à saúde Mas um outro teve a idéia do remo, outro imaginou o leme, outro pensou na vela, e o ser humano conquistou o mundo. Porém, antes que isso acontecesse, milhares morreram afogados porque cometeram erros de execução. O erro, muitas vezes, é o pedágio a ser pago na estrada do sucesso. Muitas empresas não toleram o erro e castigam os funcionários que cometem erros. Se o erro é o resultado de uma desatenção ou de uma desobediência, a empresa até tem o direito de punir os que erram. Mas, se o erro for o resultado de uma idéia, aí já é diferente. As boas empresas incentivam seus funcionários a ter idéias e aceitam que nem todas as idéias vão funcionar com perfeição. Já as empresas antiquadas consideram que o funcionário ideal é o que não pensa, só faz o óbvio, contrariando o próprio sentido da palavra. Só erra quem pensa. Errar é natural, errar é humano. Matar idéias, é desumano.

O poder das pequenas idéias

Muitas empresas adotam um tipo de programa interno muito inteligente, em que qualquer funcionário pode apresentar idéias e sugestões. Eu tenho um amigo, o Fernando, que trabalha em uma dessas empresas – um banco. Desde que o programa foi implantado, há um ano, o Fernando já apresentou mais de cem sugestões, uma a cada três dias, em média, e metade delas foi aprovada. O interessante é que as idéias do Fernando foram todas simples, coisas fáceis de fazer e que não necessitavam de grandes investimentos por parte do banco. Tanto que o Fernando até recebeu o título de "rei das pequenas idéias" e virou uma espécie de minicelebridade interna, coisa meio difícil numa empresa que tem milhares de funcionários. E de onde o Fernando tirou sua inspiração? De uma historinha que muita gente já ouviu, mas que sempre vale a pena repetir. Em 1980, a 3M, reconhecida mundialmente por estar sempre inventando um monte de novidades, inventou uma cola que não colava. A idéia foi considerada um fracasso e engavetada, até que um dia, um funcionário chamado Artur Fry – uma espécie de Fernando da 3M – transformou o insucesso num enorme sucesso: ele sugeriu usar a cola que não colava para criar o *Post-It*, aquela folhinha amarela que gruda mas não gruda. Vinte e cinco anos depois, o *Post-It* já rendeu uma fortuna para a 3M e pouco mudou: agora vem em duas cores, amarelo e rosa, e em dois tamanhos, pequeno e menor ainda. O que o Fernando faz no banco é a mesma coisa: olhar para o que todo mundo também está olhando e enxergar um detalhe que ninguém ainda tinha enxergado. Toda empresa brasileira tem um monte de Fernandos, uma gente criativa que só está esperando uma oportunidade para mostrar que sabe pensar. Sorte dos Fernandos que encontram uma empresa que acredita no poder das pequenas idéias. E azar das empresas que não aproveitam a força criativa de seus Fernandos.

Difícil é enxergar o óbvio

OLHE PARA QUALQUER ANÚNCIO DE EMPREGO E VOCÊ VERÁ QUE AS empresas estão procurando gente criativa. E criatividade nada mais é que a arte de enxergar o óbvio antes que todo mundo. Eu já disse isso aqui na CBN, e gostaria de dar um exemplo interessante. O dos supermercados. Até uns trinta anos atrás, aqui no Brasil, havia o armazém da esquina. A dona de casa ia lá, encostava o umbigo no balcão e ia pedindo o que precisava. E o dono do armazém ia pegando nas prateleiras e embrulhando. Finalmente, o total era registrado na caderneta e o freguês pagava no fim do mês. Esse sistema foi a base do comércio durante séculos, até que no ano de 1930 surgiu nos Estados Unidos o conceito do auto-serviço. E a grande novidade é que o freguês não precisava pedir, ia pegando o que queria nas prateleiras e pagava na saída. Como se sabe, isso gera no consumidor uma coisa chamada "compra por impulso", ou, em outras palavras, a gente acaba levando um monte de coisas que não estavam na listinha de compras. Só que pouca gente sabe que o sistema de auto-serviço não foi um sucesso imediato. Na verdade, durante os sete primeiros anos, nada aconteceu. Os fregueses continuavam a comprar nas lojas de auto-serviço o que sempre tinham comprado no armazém da esquina. Então, as primeiras lojas de auto-serviço acharam que o negócio era fazer promoções. E fizeram, mas as vendas continuavam iguais. Até que, sete anos depois, em 1937, alguém finalmente enxergou o óbvio. Esse alguém foi um senhor chamado Sylvan Goldman, que era dono de uma pequena loja de auto-serviço chamada Piggly Wiggly. Um dia, seu Goldman pegou uma velha cadeira de balanço que tinha em sua casa e colocou nela dois cestos e quatro rodinhas, criando o carrinho de supermercado. E aí, sim, as vendas aumentaram da noite para o dia. Ninguém tinha ainda percebido que o problema do freguês não era comprar mais. O problema era não conseguir carregar mais. Hoje, quando a gente empurra um carrinho num supermercado, ele parece óbvio. Mas, como muitas outras grandes idéias, foi preciso que alguém criativo enxergasse o óbvio para que a coisa começasse a funcionar.

Trabalhe melhor

O mal da tecnologia

HOJE VAMOS FALAR SOBRE ADMINISTRAÇÃO DE TEMPO. UMA COISA QUE todo mundo tinha certeza há 30 anos é que a tecnologia iria gerar mais tempo livre para as pessoas. Trabalhos manuais demorados, chatos e cansativos seriam substituídos pelo milagre do computador. Passaram-se 30 anos e isso realmente aconteceu. Aconteceu em termos de trabalho, mas não em termos de tempo. As pessoas estão trabalhando mais horas do que trabalhavam e têm menos tempo do que tinham. O que está errado? Em princípio, nada. A tecnologia apenas fez surgir novas possibilidades, que há 30 anos seriam impensáveis. O celular é ótimo, mas interrompe conversas e reuniões. Ler e responder e-mails é ótimo, mas consome uma enorme fatia do tempo diário. Acessar a Internet é ótimo, mas traz poucos resultados práticos. Um amigo meu, que vivia incomodado com a falta de tempo e com o acúmulo de trabalho, resolveu fazer um levantamento prático de como utilizava seu tempo. Aí, montou uma planilha no computador. Botou no alto o título "Análise de Desperdício de Tempo" e dividiu o dia em intervalos de 15 minutos. E então começou a anotar tudo o que fazia, desde participar de reuniões importantes até tomar um cafezinho e ficar jogando conversa fora. Depois de uma semana, ele consolidou os dados e chegou a uma conclusão muito interessante. Naquela semana, ele tinha gasto nada menos que quatro horas e quinze minutos só para preparar, preencher e analisar a sua planilha de desperdício de tempo. E teve que voltar ao escritório no sábado para recuperar o tempo perdido. Esse é o mal da tecnologia. Ela é tão boa, mas tão boa, que nos induz a fazer coisas que são absolutamente lindas. Mas absolutamente inúteis.

A importância de dizer o óbvio

Eu já passei alguns dissabores na vida profissional por me esquecer de falar o óbvio. O óbvio é aquela coisa que a gente acha que, por ser tão óbvio, todo mundo já sabe. Só que não é bem assim. Há alguns anos, eu trabalhava na empresa líder do ramo de batatinhas fritas. Nosso produto tinha uma liderança enorme e folgada, coisa de 70% do mercado. Um dia lá, um concorrente resolveu escrever no pacotinho de batata dele esta frase: "Não contém colesterol". Não passou uma semana e meus gerentes pelo Brasil afora começaram a me ligar para perguntar se nós também não poderíamos fazer uma batatinha frita sem colesterol. E eu respondi que nossa batata não tinha colesterol. Era óbvio. Batatas são fritas em óleo vegetal, e óleo vegetal não tem colesterol. Só gordura de origem animal tem colesterol. Mas o que era óbvio para mim não era óbvio para o consumidor. As vendas começaram a cair até que um dia eu me rendi ao óbvio. E pedi para escrever bem grande no pacotinho: "Totalmente sem Colesterol". E aí as vendas voltaram ao normal. Os meus gerentes até escreveram elogiando o sabor da nova batatinha sem colesterol, sem acreditar que a batatinha era a mesma de sempre. Daquele dia em diante, eu aprendi que boa parte dos mal-entendidos e dos desencontros em empresas acontece porque alguém achou que não precisava ficar repetindo todos os dias o que todo mundo deveria estar cansado de saber. Mas, por que estou dizendo tudo isso, já que tudo isso é tão óbvio? Exatamente por isso.

O bem-informado sabe ouvir

Hoje em dia, tem curso para tudo. Um colega meu, o Zé Luiz, fez um curso que chamava *Autogestão de Carreiras*. O curso, como o nome indica, ensinava as pessoas como administrar com eficiência sua vida profissional. E o que mais impressionou o Zé Luiz foi uma sessão chamada "Informações Privilegiadas de Bastidores". O conferencista explicou que, nas empresas, 90% das informações são repassadas não através de comunicados internos, mas através de conversas informais nos corredores. Por exemplo. Alguém vai ser dispensado. Antes que isso se torne público, dois ou três ficam sabendo e já saem tomando providências para conseguir o cargo do demitido. E o Zé Luiz então anotou as duas regrinhas básicas. Primeira. Estabelecer relações de confiança. Segunda. Compartilhar o conhecimento próprio para usufruir o conhecimento alheio. Por coincidência, já no dia seguinte o Zé Luiz ouviu dizer que um colega estava na marca do pênalti. E encontrou no corredor, por acaso, a pessoa mais bem informada da empresa, a Magali. O Zé Luiz comentou, assim como quem não quer nada, a situação do colega. E a Magali respondeu num sussurro: "Pois é". Imediatamente, o Zé Luiz também baixou o tom de voz e estabeleceu uma relação de confiança. Disse para a Magali que eles eram duas pessoas bem informadas e que um poderia ajudar ao outro. A Magali concordou, e o Zé Luiz passou para a fase dois. Compartilhou com a Magali inúmeros comentários de bastidores. A Magali ficou impressionada. E o Zé Luiz perguntou o que ela sabia, para poder usufruir. E a Magali respondeu: "Eu? Eu não sei de nada". E o Zé Luiz perguntou por que, então, a Magali estava falando baixinho daquele jeito. E ela respondeu: "Faringite". E aí o Zé Luiz descobriu por que a Magali sabia de tanta coisa. Os mais bem informados não são os que ficam falando pelos corredores. São os que sabem escutar.

A fábula das pulgas

Muita gente acha que a solução para seus problemas está em uma mudança radical. Como se tudo o que foi feito até agora estivesse errado. Acontece que muitas vezes uma pequena mudança pode fazer mais efeito que uma grande mudança. É o que ensina a historinha das duas pulgas.

Duas pulgas estavam reclamando da vida quando uma disse para a outra: "Sabe qual é o nosso grande problema? Nós não sabemos voar. Só sabemos saltar. Aí, quando o cachorro percebe nossa presença, nossa chance de sobrevivência é zero. É por isso que existem mais moscas do que pulgas neste mundo – moscas voam".

E aí as duas pulgas fizeram um curso de mosca. Aprenderam a voar. Mas não ficaram satisfeitas. E uma disse para a outra: "Sabe qual é o nosso grande problema? Nós ficamos grudadas no corpo do cachorro. Daí, nosso tempo de reação é mais lento que a coçada dele. Temos que fazer como as abelhas, que sugam o néctar e levantam vôo rapidamente". E aí as duas pulgas fizeram um curso de abelha. Mas não ficaram satisfeitas. E uma disse para a outra: "Sabe qual é o nosso grande problema? Nosso estômago é muito pequeno. Escapar do cachorro a gente até escapa, mas não estamos nos alimentando adequadamente. Temos que ser como os pernilongos, que tem aquele barrigão enorme". E aí as duas pulgas fizeram um curso de pernilongo. Mas não ficaram satisfeitas. Porque, com aquele barrigão, eram facilmente percebidas pelo cachorro e eram espantadas antes mesmo de conseguir pousar. Aí, totalmente frustradas porque nada na vida delas dava certo, as duas pulgas encontraram uma saltitante pulguinha. Como viram que a pulguinha estava forte e sacudida, as duas pulgas perguntaram: "Escuta, o que é que você mudou que nós ainda não mudamos?". E a pulguinha respondeu: "Nada, ué". "Como assim, nada?", perguntaram as pulgonas. "Como é que você escapa da coçada do cachorro?". E a pulguinha respondeu: "Ah, é simples. Eu sento no cocuruto dele. É o único lugar que ele não alcança com a pata".

"Não sei"

Se você ainda não sabe qual é a sua verdadeira vocação, imagine a seguinte cena. Você está olhando pela janela. Não há nada de especial no céu, só algumas nuvens aqui e ali. Aí, chega alguém que também não tem nada para fazer e pergunta: "Será que vai chover?". Se você responder: "Com certeza", a sua área é Vendas. O pessoal de vendas é o único que sempre tem certeza de tudo. Se a resposta for: "Sei lá, estou pensando em outra coisa", a sua área é Marketing. O pessoal de Marketing está sempre pensando o que os outros não estão. Se você responder: "Sim, há uma boa probabilidade", você é da área de Engenharia, sempre disposta a transformar o universo em números. Se a resposta for: "Depende", você nasceu para Recursos Humanos, uma área em que qualquer fato sempre está na dependência de uma série de outros fatos. Se você responder: "A Meteorologia diz que não", você é da área de Contabilidade, a que sempre confia mais nos dados do que nos próprios olhos. Se a resposta for: "Sei lá, mas por via das dúvidas eu trouxe o guarda-chuva", seu lugar é na área Financeira, que deve estar sempre preparada para qualquer virada de tempo. Agora, se você responder: "Não sei", há uma boa chance de que você tenha uma carreira de sucesso e acabe chegando à Diretoria da empresa. De cada cem pessoas, só uma tem a coragem de responder "Não Sei" quando não sabe. Os outros 99 sempre acham que precisam ter uma resposta pronta, seja ela qual for, para qualquer situação. "Não sei" é sempre uma resposta que economiza o tempo de todo mundo e predispõe os envolvidos a conseguir dados mais concretos antes de decidir. Parece simples, mas responder "Não Sei" é uma das coisas mais difíceis de aprender na vida corporativa. Por que, eu, sinceramente, não sei.

Auto-ajuda

TUDO TEM SOLUÇÃO. SE VOCÊ ESTÁ PASSANDO POR UMA CRISE EXISTENCIAL, ou se era para ser promovido e não foi, ou se faz quatro anos que você não tem um aumento decente, não se preocupe. Tudo tem solução. E a solução custa apenas 20 reais, que é o preço de um livro que diz que tudo tem solução. Melhor ainda, há uma enorme variedade de livros que dizem que tudo tem solução. Aqui vão alguns exemplos. Um livro de Astrologia dirá que você está vivendo uma fase de eclipse profissional, nada que um bom mapa astral não possa resolver. É só esperar que Saturno entre na casa de Sagitário, o que deve acontecer daqui a 125 anos. Um livro de Esoterismo dirá que nada está errado com você. O que está errado é o seu nome, que tem letras demais. Mude o nome e você mudará de vida. Um colega meu, o Robertão, fez isso. Mudou o nome para Elisabete e nunca mais foi o mesmo. Um livro de Meditação lhe dará uma receita infalível – não faça nada e tudo se resolve. É recomendado para quem gosta de esperar sentado. Um livro de Inteligência Emocional lhe ensinará que existe uma diferença entre o QI, o Quociente Intelectual, e o QE, o Quociente Emocional. E a diferença é a seguinte: quem tem um bom QI sabe o que é um logaritmo. E quem tem um bom QE não sabe, mas encontra uma ótima desculpa para não saber. E tem, é claro, o livro de auto-ajuda. Esse é tiro e queda. E a receita é a seguinte. De manhã, ao acordar, olhe-se no espelho. Fixamente. Aí, diga para você mesmo: "Eu vou superar". Repita a mesma cerimônia durante trinta dias, sem interrupção. E, se depois de 30 dias você não tiver superado nada, troque o espelho.

Cinco por cento

EU HOJE ME LEMBREI DE UMA DESSAS ESTATÍSTICAS BASEADAS MAIS no bom senso do que na técnica. É a regrinha dos cinco por cento. Segunda essa regra, de tudo o que nós escutamos, vemos, falamos, lemos ou escrevemos todos os dias, só cinco por cento realmente interessam. O resto é descartável. Da mesma forma, de cada 100 estagiários contratados por empresas, só cinco chegarão a cargos de chefia. De cada 100 pequenos negócios que são abertos, só cinco se transformarão no sucesso que o dono sonhava. De cada 100 bons alunos, só cinco repetirão na vida profissional o bom desempenho que tiveram na escola. A mesma regra vale para o trabalho. Se nós passamos 40 horas por semana em uma empresa, só durante cinco por cento desse tempo, ou duas horas, estaremos fazendo alguma coisa pela qual poderemos ser lembrados daqui a algum tempo. As outras 38 horas são gastas em trabalhos de rotina, em reuniões, em conversas ao telefone ou em bate-papos sem importância. Um teste que eu fazia comigo mesmo era me perguntar como eu tinha gasto minhas duas horas de criatividade na semana anterior. E, no mais das vezes, eu descobria que tinha sido, simplesmente, engolido pela rotina. Essa lição dos cinco por cento eu devo a meu saudoso professor Wantuil. Certa vez, depois de mais uma daquelas algazarras incontroláveis durante a aula, o professor Wantuil nos disse que os 95% de alunos que quisessem continuar com a bagunça poderiam continuar à vontade, porque ele estava interessado só nos cinco por cento que iriam ser alguma coisa na vida. E a classe imediatamente ficou em silêncio, porque todo mundo sempre se considera parte dos cinco por cento. Não sei se a lição funcionou no meu caso, mas certamente funcionou no caso do professor Wantuil. Porque eu devo ter tido uns 100 professores na vida, e ele é um dos cinco que eu ainda me lembro.

A matemática do sucesso

Não há quem não queira ser um sucesso na vida. Fazendo uma rápida pesquisa na Internet, eu descobri que há nada menos que 72 milhões de sites com a palavra "sucesso". É verdade que há bem mais sites com a palavra "sexo" – nada menos que 332 milhões. Ou seja, para cada pessoa querendo sucesso, há cinco querendo sexo. Podemos então deduzir que pelo menos a continuidade da raça humana em nosso planeta já está garantida, com sucesso ou sem sucesso. Em compensação, a palavra felicidade aparece apenas em 10 milhões de sites, o que significa que, para cada pessoa que quer apenas ser feliz, existem sete que querem ser um sucesso. Então, sucesso é importante. A questão é como ter sucesso. Mas, de novo, a Internet dá uma pista. Dos 72 milhões de sites com a palavra sucesso, nada menos que 12 milhões têm a expressão "os passos para o sucesso". Quer dizer, existem milhões de receitas que mostram como chegar ao sucesso, passo a passo. Desses sites, a enorme maioria está concentrada em poucos passos. Dois, três ou quatro passos para o sucesso. À medida que os passos aumentam, a quantidade de sites diminui. Há, por exemplo, milhões de sites que ensinam como ter sucesso em três ou quatro passos, mas existem apenas 600 sites que mostram como chegar lá em 14 passos. E tudo isso nos leva a duas conclusões. A primeira é aquilo que todo mundo já sabe – na Internet pode se achar quase tudo, para descobrir quase nada. E a segunda conclusão é aquilo que a gente sempre desconfiou: a humanidade, de modo geral, é ambiciosa, mas é preguiçosa. Todo mundo quer ser um sucesso, mas poucos estão dispostos a caminhar muito para consegui-lo.

O engraçado e o engraçadinho

Bom humor, todo mundo sabe, é fundamental para criar um bom ambiente de trabalho. Mas existe uma enorme diferença entre o humor que diverte e o humor que ofende. Eu senti isso na pele, já no meu primeiro emprego. Eu trabalhava numa fábrica. Uns 70% dos funcionários usavam macacões, e o resto se vestia como bem entendia. Um dia, a Direção da empresa resolveu implantar um programa de padronização. E decidiu que quem não usasse macacões passaria a usar jalecos. Todos os jalecos eram de cor cinza, mas os graus hierárquicos seriam diferenciados pela gola. Os chefes teriam gola vermelha, os supervisores teriam gola azul, os encarregados teriam gola verde. Eu era apontador de produção e usaria o jaleco com a gola mais humilde, a amarela. A idéia parecia boa, mas o festival de cores logo se transformou num festival de vaidades. Os chefes se sentiram mais chefes, começaram a falar mais alto, e sempre apontavam para a própria gola quando davam uma ordem. Já a minha turma foi apelidada de "os amarelinhos". Ou seja, quando alguém com uma gola mais vistosa nos desse uma bronca, nós tínhamos que amarelar. Insatisfeito, para não dizer irritado, eu reagi de modo bem-humorado. Coloquei no quadro de avisos da fábrica um cartaz que dizia: "Se a cor da gola fosse sinal de prestígio, o palhaço seria dono do circo". O pessoal que usava macacão morreu de rir e os amarelinhos adoraram. Só que os chefes, supervisores e encarregados não gostaram. Eu levei uma suspensão e escapei de ser demitido por muito pouco. Só muito tempo depois eu fui entender que minha frase, por mais bem-humorada que fosse, era também cáustica, ofensiva e inoportuna. Essa é a regra básica para a utilização do bom humor. O engraçado é respeitado, mas o engraçadinho é punido.

As formas de encarar um trabalho

Embora eu não seja do ramo, tive a oportunidade de participar de um Congresso brasileiro que reuniu técnicos de laboratório clínico. Um pessoal especializado em análises. E, lá pelas tantas, eu me vi fazendo parte de um grupo no qual havia vários técnicos especialistas em exames de fezes. Com certeza, esse não é o assunto mais apropriado para uma conversa após o jantar, mas o assunto acabou girando em torno daquela atividade que, no mínimo, não cheira bem. E percebi que existiam três opiniões bem diferentes entre os especialistas em exames de fezes ali presentes. Um deles foi claro e direto e disse que seu trabalho era todo dia aquela mesma eme. Um outro foi mais científico e disse que sua tarefa consistia em análises parasitológicas em equipamentos de última geração tecnológica. Mas foi o terceiro que mais me chamou a atenção. Ele disse que sua função era muito nobre, porque dela dependia a prevenção e o tratamento de doenças em seres humanos. Incrível, eu pensei comigo, enquanto traçava um pudim. A mesma atividade, e três visões diferentes. Exatamente a mesma coisa que acontece com qualquer função em qualquer empresa. Tem gente que prefere enxergar só o lado negativo daquilo que faz. Tem gente que gosta de florear. E tem gente que vê o trabalho que faz como parte de um objetivo muito maior e muito mais importante. A experiência mostra que as pessoas do primeiro tipo, os que só reclamam, vão ficar fazendo o mesmo trabalho a vida inteira. As pessoas do tipo dois, as mais científicas, viram chefes dos que só reclamam. Mas são os que enxergam mais à frente que se tornam chefes das outras duas. Qualquer função pode cheirar mal. E a decisão que cada funcionário deve tomar em relação a seu trabalho é bem simples: ou avaliá-lo usando o cérebro, ou usando apenas o nariz.

Demonstrar o monstro

Todos nós passamos boa parte de nosso tempo tentando demonstrar alguma coisa para alguém. Nosso ouvinte Tiago, por exemplo, é um demonstrador de sistemas. Ele trabalha para uma empresa que produz programas de computador que vão ajudar a melhorar a produtividade de outras empresas. Só que, como relata o Tiago, as pessoas para quem ele demonstra o sistema ficam meio assustadas, meio ressabiadas e até com receio de fazer perguntas. No fim, o Tiago diz que a maioria de suas demonstrações resulta em nada e ele fica frustrado. E vive se perguntando se a sua maneira de demonstrar é que estaria errada. Caro Tiago, existe uma maneira interessante de você entender o que se passa na cabeça das pessoas quando você, ou qualquer profissional, faz uma demonstração. O verbo demonstrar veio do latim e se divide em duas palavras. O "de" inicial significa "tirar". E o "monstrar" é um verbo latino que se traduz como "aquilo que se vê". Como você sabe, a maioria das pessoas costuma ver as novidades e, principalmente, os problemas, de uma maneira exagerada. E quase todos nós tendemos a enxergar complicações onde elas não existem. Por isso, não é de estranhar que o verbo latino monstrar tenha dado origem a outra palavra bem conhecida: monstro. Desde sempre, as pessoas imaginam que estão cercadas por monstros. Há mil anos, esse monstro era um dragão. Hoje, pode ser um sistema de computador. O que o bom demonstrador faz é o que a própria palavra demonstração diz: tirar da cabeça das pessoas o monstro que elas pensam que estão enxergando. E a melhor maneira de você fazer isso é visualizando o seu programa de computador como um monstro. Ou seja, não explique o que você vê, explique o que as pessoas pensam que estão vendo. Evite termos técnicos e seja solidário com a ignorância dos usuários. Enquanto eles acreditarem que o monstro existe, você não estará demonstrando. Estará só aumentando o tamanho do monstro.

A paixão e os números

Eu conviví com dois gerentes que compartilhavam da mesma visão sobre os negócios da empresa. Mas eles tinham comportamentos opostos. Um deles era movido pela paixão. Era comovente ouvir aquele gerente defender seus pontos de vista. Ele se inflamava ao falar e, depois de cinco minutos de argumentação, convencia qualquer platéia. Já o outro gerente não tinha um pingo dessa paixão, mas tinha algo que o primeiro não tinha. Números. Nem bem o gerente apaixonado tinha terminado de falar, o gerente numérico abria uma planilha e passava cinco minutos mencionando dados concretos. Obviamente, um não gostava do outro. Às vezes, um ganhava a discussão. Outras vezes, o outro ganhava. Demorou anos para ambos compreenderem que eles não eram adversários. Eram aliados. Quando os dois finalmente se juntaram, tudo ficou mais simples. Um providenciava os números, e o outro os defendia com paixão. Separados, eles provocavam conflitos. Juntos, convenciam qualquer um. No trabalho, paixão é fundamental. Mas só ela não resolve. Paixão é uma palavra que, em sua origem, significava sofrimento. É por isso que a Paixão de Jesus ganhou esse nome. Não é porque Jesus amou, é porque ele sofreu. Pelo mesmo motivo, nas empresas quem só tem paixão sofre, porque pode ser desmentido pelos números. E quem só tem números não apaixona ninguém, porque é monótono. Alexandre, o Grande, fazia belos discursos para seus soldados antes das batalhas. Sempre terminava falando de bravura, de coragem e de paixão. Mas sempre começava o discurso mencionando que seu exército tinha milhares de homens a mais que o exército inimigo. Como Alexandre, o Grande, provou, com paixão é possível conquistar o mundo. Desde que essa paixão seja sustentada por números confiáveis.

A arte de negociar

NAS EMPRESAS, FALA-SE MUITO SOBRE AS CARACTERÍSTICAS DO LÍDER. E essa discussão sobre a liderança acaba deixando em segundo plano uma característica vital para o desenvolvimento de qualquer carreira – a do negociador. Porque, se nem todos os funcionários vão chegar a líderes, pelo menos no organograma, todos, sem exceção, precisam ser negociadores. Negociar é o que as pessoas mais fazem, todos os dias, embora muitas nem se dêem conta disso. A maioria entende negociação como uma reunião formal com fornecedores ou com clientes, mas pedir um simples favor para um colega de trabalho também é uma negociação. Um levantamento de dados, por exemplo. Ou a solicitação para que um relatório seja apressado. E as pessoas que não conseguem o que pedem sempre acabam achando que o colega é lento, ou incompetente, ou está fazendo corpo mole. A negociação interna tem três regrinhas bem simples. A primeira é descobrir a melhor maneira de fazer a abordagem. Tem gente que não gosta de quem fala alto, tem gente que não gosta de quem fica enrolando para pedir alguma coisa, e tem gente que não gosta de quem chega e já vai pedindo. A segunda é tentar mostrar para a outra pessoa que benefícios ela terá se fizer o favor solicitado. Porque todos nós somos mais ou menos iguais nessa hora: por que vamos parar as coisas importantes que estamos fazendo, só para atender a algum apressadinho? E a terceira é elogiar a pessoa que fez o favor – para os colegas ou para o chefe dela. Essa é a maior garantia de que a pessoa estará receptiva da próxima vez. Todos os dias, um funcionário normal faz, no mínimo, vinte negociações internas. E, em mais da metade dos casos, não se preparou adequadamente para negociar e acaba não conseguindo o que quer. Na administração da própria carreira, a liderança é uma boa qualidade. Mas a arte de saber negociar é mais que isso: é uma necessidade.

O esforço é ótimo, mas o que vale é a estratégia

Muita gente vive perguntando: Por que, se eu me esforço tanto e se me esforço muito mais do que a maioria de meus colegas, tenho menos sucesso do que eles? E a resposta é: exatamente porque você se esforça tanto. Essa resposta não é minha, é de Felix Paturi, um engenheiro que criou o *Princípio de Paturi*, há mais de 30 anos. Segundo Paturi, o sucesso é inversamente proporcional ao esforço que alguém faz para consegui-lo. Um dos exemplos mais comuns disso, diz Paturi, já vem desde o berço. Um bebê quer engatinhar do quarto até a cozinha, onde está sua mãe. Mas o bebê logo percebe que o esforço para conseguir completar o trajeto vai ser muito grande. E aí o bebê simplesmente pára, senta e chora. E a mãe vem correndo da cozinha para carregá-lo até lá. Ou seja, o sucesso da operação não dependeu do esforço, mas da estratégia. No caso, o choro. O mesmo princípio vale para as pessoas de sucesso. Em vez de despenderem um enorme esforço, elas encontram pessoas que se esforçam por elas, enquanto ficam planejando os próximos esforços. É por isso que Presidentes e Diretores não são as pessoas que mais trabalham numa empresa. Eles nunca estão suados, ou despenteados, ou ofegantes. Generais que lutavam à frente de seus exércitos, e durante a batalha se comportavam como se fossem soldados, desapareceram há quase oito séculos. Eles foram substituídos pelos generais estrategistas, que talvez nem soubessem empunhar direito uma espada e não tinham resistência física para agüentar meia hora de batalha. Não que esforço, hoje em dia, seja uma coisa negativa. Muito pelo contrário. Esforço é ótimo. Mais que ótimo, é vital. Mas o que vale, mesmo, é a estratégia. Como previa Felix Paturi, o sucesso nas empresas será cada vez menos uma questão de força. E cada vez mais uma questão de jeito.

Coisas do Brasil

Nada como o bom senso

UM DOS SEGREDOS DA GLOBALIZAÇÃO É A CAPACIDADE DE QUEM GLObaliza saber diferenciar o que pode ser exatamente igual em todos os países do mundo e o que precisa ser diferente em cada país. Uma loja do McDonald's, por exemplo, é igualzinha no Brasil e no Japão, com exceção do idioma. E no bairro da Liberdade, em São Paulo, nem isso, porque lá tem mais japonês do que em Osaka. Mas as lojas da Pizza Hut não são iguais no mundo inteiro. Nos Estados Unidos, a Pizza Hut não vende bebidas alcoólicas. O Brasil foi o primeiro país do mundo onde a Pizza Hut vendeu cerveja. E na França ela vende vinho. Essa lição de que uma empresa globalizada tem que se adaptar às necessidades dos consumidores de cada país começou a ser aprendida no Brasil em 1968. Na época, a Ford tinha comprado a Willys. E a Willys tinha um projeto de um carro médio, chamado *Projeto M*. A Ford gostou e resolveu investir no *Projeto M*, mas decidiu globalizar o nome do carro, dando a ele uma de suas marcas mundiais: Pinto. Pinto é uma raça de cavalos, e a Ford sempre gostou de dar nome de raça de cavalo para automóvel, como fez com o Mustang e o Maverick. O problema é que brasileiro pode até ser chegado em uma boa globalização, mas é muito mais chegado em uma boa piada. E, na época, não demorou muito para que começassem a circular histórias como a da viúva que dizia para as amigas: "Ah, o Pinto do falecido Júlio está muito bem conservado lá na garagem". E a Ford, finalmente e felizmente, tomou a decisão de lançar o carro no Brasil com um nome brasileiro: Corcel. Que foi um sucesso. Mas muitas empresas multinacionais quebraram e quebram a cara em nome da globalização, forçando a adoção de nomes impronunciáveis ou que poderiam ter uma tradução cômica ou trágica em outros países. Por isso, globalização pode até rimar com imposição. Mas, na verdade, é sinônimo de bom senso.

O tempo brasileiro

COM ESSA ONDA DE FUSÕES E GLOBALIZAÇÕES, MUITOS ESTRANGEIROS têm vindo trabalhar em empresas brasileiras. E a maioria se depara com uma grande dificuldade, que é entender a maneira como nós contamos o tempo no Brasil. Por isso, certa vez, eu montei uma tabelinha para que meu chefe, que era americano, entendesse o que estávamos querendo dizer quando ele perguntava quanto tempo algum trabalho iria demorar. Por exemplo... a resposta poderia ser "depende". E "depende", no Brasil, é uma medida quântica, porque envolve várias incógnitas. E todas desfavoráveis. Em algumas situações, "depende" pode até significar "imediatamente", mas esse tipo de resultado, até hoje, só foi conseguido em testes de laboratório. Outra resposta é "já-já". Para quem ouve, "já-já" pode parecer uma medida de tempo mais rápida que "já", mas é o contrário. "Já" quer dizer "agora" e "já-já" quer dizer "assim que eu terminar de ler o jornal, vou pensar a respeito". E tem também o "logo". "Logo" quer dizer que uma providência pode levar entre cinco minutos e milhares de anos. Por exemplo, "logo chegaremos a outras galáxias". Outra frase que confunde é "na semana que vem". Como se supõe que todas as semanas futuras cedo ou tarde virão, qualquer semana entre a próxima e a última semana do século XXI pode ser tecnicamente classificada como "a semana que vem". E tem também "um minutinho", que é um intervalo de tempo que não tem nada a ver com 60 segundos e raramente leva menos que dez minutos. Finalmente havia o "veja bem" e o "com certeza". A diferença entre os dois, eu expliquei para meu chefe, é que o "veja bem" era um "com certeza" mais detalhado. Mas as duas expressões queriam dizer a mesma coisa, ou seja, "depende". Como se vê, nós não somos um povo muito complicado. Desde, é claro, que nenhum estrangeiro fique aí nos apressando.

A história da Campbell's no Brasil

Alguém aí está pensando em fazer uma pesquisa na empresa? Para saber o que os funcionários estão pensando? Então, aqui vai a melhor história sobre pesquisas que eu vivi na pele. Um dia, a Campbell's americana resolveu produzir e vender sua famosa sopa no Brasil. Nos Estados Unidos e em mais de 100 países do mundo, a Campbell's vende uma barbaridade de latinhas de sopa. Será que aqui no Brasil também venderia? Para saber a resposta, foi feita uma pesquisa. A pergunta era: "Prezada dona de casa, a senhora compraria a sopa Campbell's?". E a pesquisa revelou que, sim, a dona de casa brasileira compraria sopa. Um monte de latas por mês. E iria servir sopa para a família não apenas no jantar, mas também no almoço e no café-da-manhã. E, além disso, pagaria o preço que a Campbell's pedisse. E a Campbell's, entusiasmada, saiu produzindo sua sopa aos baldes. Depois de três meses, veio a decepção. De cada 100 latas que a Campbell's tinha produzido, só uma havia sido vendida. A produção encalhou e, depois de um ano, a Campbell's resolveu ir embora do Brasil. Mas, antes de ir, fez outra pesquisa. E a pergunta era: "Por que a senhora não comprou a Sopa Campbell's?". E as donas de casa responderam o que todos nós já sabemos. No Brasil, só toma sopa quem está doente, hospitalizado e sem dentadura. Acontece que nós, brasileiros, somos um povo cordial. E sempre respondemos o que achamos que a pessoa gostaria de ouvir e não o que estamos pensando. Por isso, quem vai fazer uma pesquisa na empresa não deve perguntar: "Qual sua opinião sobre nosso ambiente de trabalho?". Porque, aí, as respostas serão positivas. A pergunta deve ser: "Por que nosso ambiente de trabalho é tão ruim?". E, aí sim, os entrevistados dirão a verdade.

A Coca brasileira

UMA DAS GRANDES, SE NÃO A MAIOR, LIÇÃO DE MARKETING DO SÉCULO XX pode ser resumida na criação de dois remédios. Em 1886, nos Estados Unidos, um farmacêutico chamado Pembleton criou um xarope misturando várias ervas e outros ingredientes. Apenas 15 anos depois, no Brasil, um médico chamado doutor Fontoura fez exatamente a mesma coisa, na cidade de Bragança Paulista, no interior de São Paulo. A diferença estava no ingrediente que daria a quem tomasse o xarope aquela sensação de euforia imediata. O doutor Pembleton usou folhas de cocaína – que, naquela época, ainda não era considerada a droga pesada que é hoje. E por isso deu a seu xarope o nome de Coca-Cola. Já o doutor Fontoura resolveu usar como ingrediente o álcool, e deu a seu xarope o nome de Biotônico Fontoura. E aí é que entra o marketing. Os primeiros executivos da Coca-Cola logo perceberam que remédio é uma coisa que se toma em pequenas doses e poucas vezes ao dia. Se o produto fosse, por exemplo, um refrigerante, poderia ser tomado a qualquer hora, e em baldes em vez de colheres. Já o doutor Fontoura insistiu que seu xarope era um fortificante. Durante os 40 anos seguintes, as duas indústrias prosperaram. Até que começassem a surgir fortificantes melhores que o Biotônico, um problema que a Coca-Cola não tinha. Conclusão. Hoje a Coca-Cola, que deixou de ter cocaína em sua fórmula já faz um século, vende 30 bilhões de dólares por ano. E o Biotônico, exatamente por ter mantido o álcool em sua fórmula, teve a venda proibida pelo Ministério da Saúde, em 2001. O Biotônico poderia ter sido a Coca-Cola brasileira. Seu nome – biotônico – é ótimo. E sua cor, seu aspecto e seu sabor não são muito diferentes dos da Coca-Cola. Marketing é isso. Enxergar possibilidades. Criar novas aplicações. Expandir, ao invés de limitar.

A importância dos novos empreendedores

A CADA DIA QUE PASSA, ABRIR O PRÓPRIO NEGÓCIO ESTÁ DEIXANDO DE ser uma alternativa para poucos e se tornando quase uma necessidade para muitos. Por um motivo muito simples. Não existe emprego suficiente para todo mundo. Para cada dez jovens bem qualificados, não existem mais que três empregos para jovens bem qualificados. É claro que ainda existem muitos entraves sérios para quem quer abrir seu próprio negócio. O maior deles é a dificuldade para conseguir um financiamento. As exigências são muitas e os juros são indecentes. A segunda é a burocracia. O que lá fora leva dias, aqui leva meses. A terceira são os impostos. O Brasil é um dos campeões mundiais de impostos. E a quarta dificuldade é psicológica. Existe uma estatística que diz que, de cada dez pequenas empresas que são abertas, cinco desaparecem antes de completar três anos. Todo mundo se assusta com esse risco, mas pouca gente pergunta qual seria esse número nos Estados Unidos ou na Europa. E a resposta é: mais ou menos a mesma coisa que no Brasil. Lá fora as pessoas encontram menos entraves burocráticos para abrir uma empresa, pagam menos impostos, contam com juros mais camaradas, mas metade das empresas quebra assim mesmo. De qualquer forma, tanto lá como aqui, 50% de chances de acertar continua sendo um número bastante aceitável. À medida que o tempo vai passando, mais jovens vão se convencendo de que terão que trabalhar para si mesmos, porque não haverá vagas para trabalhar para os outros. Esses jovens, os novos empreendedores, são o verdadeiro futuro do Brasil. Nenhum, dos países mais ricos e poderosos do mundo, ficou rico porque formou bons empregados. Esses países só ficaram ricos porque formaram grandes empreendedores.

Nação de administradores

ATUALMENTE, O CURSO SUPERIOR QUE MAIS FORMA PROFISSIONAIS NO Brasil é o de Administração de Empresas. Só neste ano, cerca de 560 mil novos administradores serão diplomados. No mercado em geral, ainda há mais advogados que administradores. Mas, a partir de 2007, os administradores já serão maioria. Parabéns à classe. Mas há uma coisa muito importante sobre essa quase profissão número 1. Administração, em si, não é uma arte, nem uma ciência, nem uma técnica. Administração é, simplesmente, o somatório de conhecimentos de diversas áreas. Uma pessoa pode passar quatro anos fazendo um curso bem específico, como Contabilidade, Economia, Marketing ou Informática. Num curso de Administração, cada uma dessas ciências se transforma em uma matéria. E não existe nenhuma matéria em Administração que seja ensinada apenas no curso de Administração. Por isso, ao final do curso, o Administrador terá uma noção generalista sobre uma empresa. Irá sair sabendo um pouco sobre tudo. Mas depois, na vida prática, irá descobrir que sabe menos economia que um economista, ou menos estatística que um engenheiro. Irá descobrir também que, na hora de nomear um presidente, bancos preferem economistas. Indústrias preferem engenheiros. Empresas de consumo preferem marqueteiros. E, finalmente, irá descobrir que essa gente fez um MBA, que é um curso avançado de Administração. O que significa que o especialista, para crescer na carreira, precisa aprender a ser generalista. Daí, o administrador, se quiser competir pelos cargos mais altos da empresa, terá que fazer o caminho inverso. Precisará continuar estudando até tornar-se um especialista. Para o bom administrador, o diploma não é a linha de chegada. É um excelente ponto de partida.

A Lei de Gerson

Muita gente diz que a única lei que pegou no Brasil foi a lei de Gerson. Como a lei de Gerson acaba de completar 30 anos de vida e continua sendo citada até hoje, acho que vale a pena, como curiosidade, contar de onde ela veio, já que nem todo mundo conhece a história. Em 1976, a empresa de cigarros RJ Reynolds decidiu lançar uma marca de cigarros mais baratos, o Vila Rica. E contratou como garoto-propaganda o grande jogador de futebol Gerson de Oliveira Nunes, o Canhotinha de Ouro, tri-campeão mundial pelo Brasil em 1970. Gerson era o garoto-propaganda ideal para o Vila Rica, por dois motivos. O primeiro é que, na época, Gerson fumava três maços de cigarros por dia. E o segundo motivo é que, dentro de campo, Gerson era especialista em ganhar bolas divididas, o que na linguagem do futebol era chamado de levar vantagem. E aí aparece o bom Gerson na telinha, perguntando: "Brasileiro gosta de levar vantagem em tudo, certo?". O apelo comercial dessa vantagem era o fato de o Vila Rica ser mais barato que seus concorrentes, mas a frase imediatamente se popularizou como sinônimo de "enganar o próximo, não importa como". E surgiu a lei de Gerson, uma injustiça para com o próprio Gerson, uma pessoa que sempre foi sincera e honesta em tudo o que dizia e fazia. E uma injustiça maior ainda para com o povo brasileiro. Nós não somos um país onde todo mundo quer enganar todo mundo o tempo todo. Nós somos um país onde muitos são sempre enganados por meia dúzia de espertinhos. Provavelmente, para descarregar o peso da própria consciência, foram esses espertinhos que popularizaram a lei de Gerson. Para tentar mostrar que o resto de nós era igualzinho a eles. Mas nós não somos.

DNA nacional

De modo geral, nós, brasileiros, somos um povo esperto. A esperteza parece que faz parte do nosso DNA. Eu trabalhei em multinacional americana. Todos os americanos que conheci eram pessoas bem normais. Falavam as mesmas coisas e repetiam os mesmos chavões. Eram previsíveis e não impressionavam muito. Às vezes, pareciam até ingênuos. Quem vai assistir a uma palestra de um desses gurus americanos que vêm ao Brasil de vez em quando, sai com aquela impressão de que não ouviu nada de novo. Ouviu, apenas, a repetição de conceitos conhecidos. Acontece que os Estados Unidos são o país que mais tem prêmios Nobel no mundo, que mais registra patentes e que mais ganha dinheiro. Eles podem até não parecer espertos, mas são tremendamente organizados. Por isso, individualmente, não impressionam. Mas, coletivamente, são a maior potência do mundo. Nós, individualmente, somos espertos. Mas, coletivamente, somos meio bagunçados. Por isso, um dos desafios das empresas brasileiras sempre foi o de convencer alguns de seus funcionários a serem um pouco menos espertos e um pouco mais organizados. Porque, ao contrário do que parece, esperteza e criatividade não são sinônimos. Esperto é o que acha que pode enganar o sistema. Organizado é o que enxerga as vantagens de entender e respeitar o sistema e dentro dele poder exercitar sua criatividade. Minha experiência em empresas me diz que 90% dos funcionários brasileiros concordam que uma boa organização traz muito mais vantagens. Mas os outros 10% preferem, apenas, tentar ser mais espertos que o sistema. São pessoas que a gente vê por aí, todo dia, metidas em fraudes, subornos e mensalões. Ou, simplesmente, furando filas. A esperteza beneficia um, a organização beneficia a todos. Parece simples, e é simples. Só falta, agora, convencer os 10% de espertos.

As desculpas corporativas

Na vida profissional, nós passamos metade do tempo ouvindo desculpas. E a outra metade do tempo, passamos dando desculpas. E isso tem uma explicação cultural. Em latim, "culpa" significa falha. Portanto, "me desculpe" significa "por favor, esqueça que eu falhei". Como somos humanos, erramos. E, como erramos, nos desculpamos. Numa boa. Já no hemisfério Norte, a história é um pouco diferente. Os ingleses e americanos dizem *excuse me*, os franceses *excusez moi* e os italianos *scusati*. E essas expressões vieram do latim *ex causa*, que quer dizer "sem motivo". Ou seja, nós, brasileiros, quando nos desculpamos, concordamos que a culpa foi nossa. Já os povos mais adiantados do planeta deixam claro que a culpa não foi deles. Quando eles erram, a culpa, muito provavelmente, foi nossa. Por isso, numa época em que as empresas brasileiras adotam o jeito americano de administrar, muita desculpa sempre é um sinal de perigo. Uma coisa que a vida profissional me ensinou foi a de que as pessoas que menos progridem na carreira são aquelas que vivem encontrando motivos para desculpar a si mesmas. Quando algo sai errado, ou quando algo que devia ter acontecido não acontece, essas pessoas sempre têm uma explicação muito boa para se dar – é a situação, é a conjuntura, é a crise, a vida é assim mesmo, ninguém me dá uma oportunidade, eu já tentei de tudo e nada funcionou. Isso pode até ser reconfortante, mas não tem nenhum efeito prático. Os profissionais que eu vi progredir na carreira foram aqueles que sempre conseguiam botar a culpa nos outros. Profissionalmente, assumir o erro e desculpar-se é louvável, mas escusar-se é que move carreiras. O problema é que a maioria de nós gosta de desculpas. Nós até nos despedimos dizendo "desculpe qualquer coisa". O que faz de nós o único povo do mundo que se desculpa até quando não erra.

A melhor empresa

Todos os anos, já faz sete anos, a revista *Você S/A* faz uma pesquisa para escolher as "Melhores Empresas do Brasil para se Trabalhar". No ano passado, perto de mil empresas participaram da pesquisa e 150 delas entraram na relação final. O método é simples. Os funcionários das empresas participantes respondem a um questionário, que é enviado diretamente para a revista. Depois, repórteres visitam as empresas finalistas para avaliar, pessoalmente, se as respostas realmente batem com a realidade. O questionário aborda tópicos como salários, benefícios, planos de carreira, ambiente de trabalho, ou seja, todas essas coisas que fazem alguém acordar de manhã, ou com vontade de pular da cama e ir trabalhar, ou com vontade de estraçalhar o despertador e continuar dormindo. Recentemente, eu conversei com um diretor de uma empresa que foi eleita uma das melhores para se trabalhar. E ele me contou que, numa pesquisa interna, os resultados tinham sido bem diferentes. O índice de satisfação dos funcionários foi baixo e as queixas foram muitas. Surpreso, o diretor tentou entender por quê. E descobriu. Ambas as pesquisas estavam certas, embora fossem contraditórias. Na hora de responder para fora, os funcionários se comparavam com amigos e conhecidos que trabalhavam em outras empresas. E as respostas mostravam que o pessoal estava satisfeito. Na hora de responder para dentro, os funcionários comparavam o que tinham com o que gostariam de ter. E as respostas mostravam que muita coisa ainda poderia ser feita. Esse fenômeno, provavelmente, ocorre com todas as empresas do Brasil. Vista de fora, qualquer empresa sempre parece melhor do que é. Vista de dentro, qualquer empresa sempre é melhor do que parece.

Não se enrole com a língua

A dose certa de estrangeirismos

QUANDO O FILME *GLADIADOR* FOI EXIBIDO, FAZ UNS QUATRO ANOS, EU participei de um trabalho interessante. Encontrar erros de história no filme. E começamos a encontrar erros aos montes. A começar pelo nome Coliseu, que é mencionado várias vezes no filme. Mas, se alguém chegasse em Roma há dois mil anos e perguntasse onde era o Coliseu, nenhum romano saberia responder, porque ninguém chamava o Coliseu de Coliseu. A verdade é que listamos uns 100 erros históricos no filme. Só não percebemos o mais incrível deles, e que era o que mais estava na cara. No filme, os atores passavam duas horas conversando em inglês, uma língua que só seria inventada 1.500 anos depois. Ouvir inglês no cinema virou a coisa mais natural do mundo. Leonardo da Vinci conversa em inglês, os faraós egípcios falam inglês, e qualquer alienígena que pretenda invadir a Terra já desce nos Estados Unidos dando ordens em inglês com sotaque americano. Outro dia, eu descobri um jornal de 1930. Na época, havia uma grande campanha para acabar com os termos ingleses usados no futebol. Era um tal de *back*, *half*, *corner*, *offside*, *goalkeeper*. E a proposta do jornal era começar abrasileirando a própria palavra futebol. As sugestões eram pedisfera, ludopédio e pedipilar. Como todo mundo sabe, futebol se chama futebol até hoje. Porque o povo decidiu que seria assim, e assim é. Mas uma das palavras propostas em 1930 pegou. O *corner* passou a ser chamado de escanteio. Escanteio, acho que todo mundo concorda, é uma palavra estranhíssima. Parece nome de doença. Mas o povo decidiu que *corner* ia ser escanteio, e assim é, até hoje. Portanto, apesar das campanhas nacionalistas, quem no fim decide mesmo como vai falar é o povo. Nós. Daí, a nossa grande responsabilidade é separar o que é prático do que é ridículo. Eu, por exemplo, acho que chamar correio eletrônico de e-mail é prático e que chamar relatório de *report* é ridículo. Mas eu não sou o povo. Eu sou apenas um voto.

Como usar o gerúndio

ATUALMENTE, EXISTEM DUAS GRANDES CORRENTES DE PENSAMENTO no mundo corporativo. A corrente dos que são a favor do gerúndio e a dos que são contra o gerúndio. Por exemplo, alguém liga para a empresa para falar com o diretor, e a gentil assistente responde: "O diretor vai estar retornando sua ligação". Para quem concluiu satisfatoriamente o ensino fundamental, a frase dói mais que unha encravada. Nessa encrenca, quem ficou mais prejudicado foi exatamente quem não tinha nada com isso, o próprio gerúndio, que é uma forma verbal inofensiva e que vem sendo usada, na linguagem falada e na literatura, desde os tempos de Camões. A discussão atual, na verdade, não é sobre o verbo no gerúndio. É sobre o verbo no infinitivo que precede o gerúndio. "Estar" é uma forma verbal correta, "retornando" também é, mas quando as duas se juntam são como nitroglicerina: causam uma explosão que machuca os ouvidos de quem ouve. O interessante é que, se o tal diretor ligar mesmo de volta, ele dirá: "Estou retornando sua ligação". E, nesse caso, o gerúndio estará bem aplicado. A grande pergunta é: "Por que, se podemos falar certo e de uma maneira fácil, preferimos falar errado e de um modo mais difícil?". Porque isso dá, a quem fala, uma certa sensação de superioridade. A mesma afetação que algumas pessoas têm quando falam "implementar" em vez de "implantar". Mas este é um país democrático, e cada um tem o direito de falar como bem quiser, certo? Nem sempre. É bom lembrar que, se um candidato a emprego, durante uma entrevista, disser para o entrevistador: "Vou estar aceitando um cafezinho", o entrevistador poderá responder: "Nesse caso, você vai estar tomando seu cafezinho lá fora, porque eu vou estar entrevistando o próximo candidato".

O português nas apresentações

EM APRESENTAÇÕES, TODO CUIDADO É POUCO. UMA ÚNICA PALAVRA errada pode destruir uma apresentação inteira. Porque a platéia lembra muito mais dos erros do que dos acertos. Eu trabalhei com um gerente de vendas que tinha ótimas idéias e até falava razoavelmente bem em público, mas tinha a mania de falar "seje". E ele sempre encerrava seus discursos dizendo mais ou menos o seguinte: "A empresa pode ficar tranqüila porque cada funcionário vai dar o máximo de si, *seje* o vendedor, *seje* o supervisor, ou *seje* o gerente". E, no dia seguinte, não dava outra: os participantes da reunião esqueciam do assunto e ficavam comentando o *seje*. Um dia, esse gerente teve que fazer uma apresentação para nossos clientes. Clientes importantíssimos. E, como nada podia dar errado e nós não queríamos correr riscos, criamos coragem e dissemos para o gerente que o verbo *sejar* não existe em português e, portanto, não existe também a forma *seje*. E ele, que falava *seje* desde criancinha, ficou surpreso. Consultou até um professor de português porque achou que nós estávamos tentando zoar com a cara dele. Finalmente, devidamente convencido da inexistência do *seje*, nosso gerente se preparou para encantar aqueles clientes importantíssimos. E, no dia da apresentação, nós todos estávamos lá, na primeira fila, acompanhando cada palavra e aguardando ansiosamente o momento em que ele encerraria a apresentação com sua frase favorita. E o gerente tomou aquele fôlego e disse, pausadamente, que cada um daria o máximo de si, se-já o gerente, se-já o supervisor ou se-já o vendedor. Nem dá para descrever a sensação de alívio que nós tivemos. E, quando nós já íamos começar a aplaudir, o gerente acrescentou: "Por isso, *estejem* tranqüilos".

O português precisa ser treinado

O ASSUNTO DE HOJE É TREINAMENTO. UMA DAS PREOCUPAÇÕES DAS empresas – ou, pelo menos, das boas empresas – é garantir que seus funcionários estejam sempre atualizados. E uma das maiores consultorias do mundo, a PricewaterhouseCoopers, é um belo exemplo dessa preocupação com a atualização. Em seus escritórios no Brasil, a Price constatou que seus novos contratados precisavam se aperfeiçoar em um idioma... o português. Do total de horas de treinamento por que passam os novos contratados da Price, quase 10% são dedicados a aulas de português. Pode parecer surpreendente, mas naquelas avaliações iniciais da Price tem ficado claro que os jovens brasileiros estão muito mais preocupados em aprender inglês – o que é bom – do que em aprender português – o que é uma obrigação. Com a chegada do correio eletrônico nas empresas, e com ele a necessidade dos profissionais se comunicarem uns com os outros diretamente e sem a interferência da secretária que, antes, redigia os memorandos em papel, a deficiência em escrever corretamente em português ficou mais evidente. E não é aquele português erudito, que só os bacharéis entendem. São as coisas bem básicas, dos tempos do Ensino Fundamental, como concordância verbal, grafia e acentuação. Eu conheço muitas empresas que estão pagando cursos de inglês ou espanhol para seus funcionários. Mas são raríssimas as que pagam cursos de português. Aí, acontece o que aconteceu num recente teste escrito de uma empresa. Nele, foi constatado que, de cada dez candidatos com curso superior que discorreram sobre o tema "ascensão profissional", nove não sabiam soletrar a palavra "ascensão". E cinco responderam à questão "como você pretende ascender na sua vida profissional?" mencionando fósforos e isqueiros.

O direito de complicar

Nosso ouvinte Amélio escreve para dizer que foi promovido a supervisor. Parabéns, Amélio. E também para contar que, em sua nova função, ganhou o direito de opinar sobre o plano estratégico de sua empresa. Diz o Amélio que recebeu um calhamaço de papel para ler. E, depois de ler uma dúzia de vezes, não entendeu nada. Ele não conseguiu ver, no plano estratégico que recebeu, nada que fosse vagamente parecido com as coisas que aconteciam no dia-a-dia da empresa. E me pede para ajudá-lo a compreender. É simples, Amélio. Os planos estratégicos são redigidos num idioma diferente, chamado português corporativo. Uma língua tão complicada que não é falada, é apenas escrita. Para facilitar, vou lhe dar quatro exemplos de coisas simples, que fazemos todos os dias, mas que ganham uma nova dimensão quando são escritas em português corporativo. Primeira. Implementar a substituição estratégica de equipamento periférico, gerando alto grau de luminosidade adequada ao ambiente criativo. Isso significa "trocar a lâmpada queimada do banheiro". Segunda. Avaliar as vantagens da implantação imediata de um programa emergencial de governança financeira doméstica balanceada. Ou seja, parar de estourar o cheque especial. Terceira. Estabelecer prioridades energéticas operacionais em detrimento de impulsos que possam redundar em um processo de *surplus* calórico. Tradução, não comer doce fora de hora. Quarta. Esquematizar a agenda de atividades de maneira a criar um *gap* vital para o atendimento imediato às demandas biológicas essenciais. Em português normal, tirar um cochilo depois do almoço. Por isso, caro Amélio, não se preocupe. Sua empresa continua a mesma que era antes. Em sua nova função, você apenas ganhou o direito de complicar. Por isso, relaxe e complique. Porque, se você mostrar competência para complicar, será promovido a gerente.

Se você não puder ser o melhor, seja diferente

Entrevista de emprego, todo mundo sabe, é aquela cerimônia em que o entrevistador faz sempre as mesmas perguntas e o entrevistado dá sempre as mesmas respostas, e os dois fazem de conta que nunca tinham ouvido nada daquilo antes. Por isso, uma resposta diferente é algo que a gente não esquece mais. Eu estava uma vez entrevistando um candidato e perguntei para ele: "Qual é o nível do seu inglês?". E ele me respondeu: "Bom, eu sou capaz de pensar fluentemente em inglês. Meu problema é só na hora de verbalizar". Eu então estendi uma folha de papel em branco para o candidato e pedi para ele pensar alguma coisa em inglês e depois escrever no papel. E ele me disse que aquele era o problema. Ele só pensava fluentemente em inglês, mas não conseguia falar nem escrever. E aí eu pensei: "Esse cara é um blefe, é um mentiroso que está me fazendo perder meu tempo". E eu disse para o candidato: "Certo. E qual é mesmo a sua formação acadêmica?". Ou seja, eu havia pensado fluentemente em português, mas tinha verbalizado meu pensamento de uma maneira completamente diferente. Nem ouvi a nova resposta que o candidato estava dando, porque algo importante estava acontecendo em minha cabeça. De repente, tinha percebido que eu também era fluente, não só em inglês, mas em qualquer língua do mundo, incluindo o chinês, o latim e o sânscrito. Mais que isso, eu era fluente em qualquer filosofia e sabia a resposta para qualquer pergunta. Mas só em pensamento. Na hora de eu dizer o que tinha pensado, sempre saía alguma outra coisa, como se minha laringe e minhas cordas vocais tivessem vida própria e independente. Eu ouvi milhares de respostas de candidatos na vida, mas me lembro exatamente daquela. E acabei contratando aquele candidato, porque ele me havia me ensinado uma grande lição: se você não puder ser o melhor, ao menos seja diferente.

Desvendando as siglas

ALGUNS OUVINTES ME ESCREVERAM PEDINDO PARA EXPLICAR O QUE quer dizer uma sigla de três letrinhas, CEO, que anda aparecendo cada vez mais nos jornais e nas revistas de negócios. Então, CEO, que é pronunciada letra a letra, em inglês mesmo, "ci i ôu", é a sigla para *Chief Executive Officer*, que se traduz como Principal Executivo da Empresa. Ou seja, nada mais que "o presidente". O presidente Lula, por exemplo, seria o CEO do Brasil. Como uma sigla sempre gera filhotes de siglas, as outras áreas das empresas também resolveram participar dessa sopa de letrinhas. E aí, foi só mudar a letrinha do meio da sigla. O CFO é o principal executivo financeiro. O COO é o principal executivo operacional. E o CSO é o principal executivo de sistemas. Tudo isso foi criado pelos americanos, sempre apressados, para economizar espaço e tempo na hora de dizer ou escrever o cargo de alguém. As multinacionais com filiais no Brasil adotaram a novidade, e muita empresa brasileira também adotou, sem necessidade, só porque é mais chique falar: "Eu sou o Ci-ci-ôu, Chief Copy Officer", em vez de dizer: "Eu sou Encarregado de Tirar Cópia Xerox". Mas a melhor aplicação de CEO que eu vi foi a de um amigo meu, o Geraldinho, que está desempregado faz um tempão e andava muito envergonhado com essa situação. Agora, quando alguém pergunta o que o Geraldinho está fazendo na vida, ele faz aquela cara de executivo de sucesso e responde: "CEO... faz oito meses". Sendo que, no caso dele, CEO quer dizer "Continuo Esperando Ofertas".

A tentação de usar o inglês

Como todo mundo aí já deve ter percebido, qualquer executivo moderno não resiste à tentação de enfiar dois ou três termos ingleses em qualquer conversa. Necessário não é, mas que impressiona, impressiona. Notem, por exemplo, a diferença entre alguém nos perguntar "O que você acha?" ou nos dizer "Eu gostaria de ouvir seu *feedback*". No segundo caso, a gente até pensa um pouco mais antes de dar a resposta. É a mesma diferença que existe entre alguém dizer "Eu trabalho em período integral" ou dizer "Eu trabalho *full time*". A impressão é a de que a pessoa que trabalha *full time* não apenas trabalha mais, como ainda trabalha mais rápido. E quando a gente pede um favor profissional para alguém? Se a resposta for "Vou falar com algumas pessoas que eu conheço", nós já ficamos com a impressão de que não vai acontecer nada. Mas, se a resposta for "Vou acessar meu *networking*", pode até não acontecer nada, mas a esperança já é bem maior. Imagine então um chefe que chame seu subordinado e diga "Preciso começar meu relatório do mês e me faltam as informações de Vendas. Dá pra você cobrar?". O subordinado com certeza vai sair da sala sem muito entusiasmo. Mas, e se o chefe disser "Preciso dar o *start up* no meu *Report*, mas pelo meu *check list* falta o *database*. Você faz um *follow-up*?". Bom, aí, o subordinado já se sente na obrigação de responder "Yés". É verdade que existem termos ingleses que já fazem parte de nossa rotina no mundo corporativo. Marketing, por exemplo, é marketing. E uma ou outra palavrinha em inglês usada aqui e ali pode até impressionar, ou mesmo ajudar a esclarecer. Mas exagerar na dose já é querer chamar o Heródoto Barbeiro de Heródoto *Hair Stylist*.

Atenção com o sotaque

Nós somos um país enorme, e é normal que no Brasil exista uma imensa variedade de sotaques. Profissionalmente, isso leva a duas conclusões. A primeira é que todo sotaque é bonito. Um gaúcho dizendo "bah, tchê", um cearense dizendo "vixe", um carioca dizendo "merrrimão" ou um paulistano dizendo "orra, meu" estão apenas repetindo os sons que fazem parte de suas infâncias e de suas culturas. A segunda conclusão é mais delicada. Profissionalmente, quando queremos passar uma idéia falando, é preciso tomar muito cuidado para que a atenção do interlocutor não se desvie do conteúdo da idéia para o sotaque de quem a está apresentando. Antonio Palocci, ex-Ministro da Fazenda, aprendeu que, ao contrário do que falava em seus tempos de prefeito de Ribeirão Preto, não podia mais dizer "a infração está sob controle". Mas nem todo mundo aprende isso rápido, porque a maioria das pessoas não percebe o próprio sotaque. Eu me lembro de que, certa vez, um diretor de uma empresa foi encarregado de entregar, numa cerimônia com perto de mil convidados, um prêmio para o vencedor de um concurso. O tema do concurso era Cultura Empresarial, mas o diretor, fiel a suas origens interioranas, falava Curtura. Nos ensaios da véspera, alguém ponderou para o diretor que a televisão estaria presente ao evento e que não pegaria bem o Brasil inteiro ouvir alguém falando Curtura. O diretor concordou e passou horas repetindo culllltura, culllltura, culllltura... E, na hora da cerimônia, foi ao microfone e falou: "Estamos neste momento entregando o troféu Culllltura. E a grande vencedora é... dona Orga Bertrão". No dia seguinte, ninguém comentava a importância do prêmio ou o sucesso do concurso. O que ficou de saldo foi apenas o sotaque do diretor. Sotaque é como sapato marrom. É bonito, mas não pode ser usado em qualquer ocasião.

Novas Tendências

A pequena empresa é mais do que uma boa opção, é a única

O QUE É MELHOR, TER UM BOM CARGO NUMA EMPRESA PEQUENA QUE tem menos de 100 funcionários, ou ter uma função sem muita importância em uma grande empresa? A maioria prefere a segunda opção, a empresa grande – mesmo sabendo que não há muitas vagas e que a procura será longa e irá significar um período de desemprego temporário. Evidentemente, a melhor opção seria uma excelente posição numa empresa enorme, mas há apenas 48 funções assim no Brasil. E todas já estão preenchidas. A maioria dos jovens que estão ingressando no mercado de trabalho tendem a enxergar apenas o lado negativo das pequenas empresas. Nas empresas menores não há plano de carreira e as chances de promoções são raras. E, quando aparece uma, acaba sendo promovido o incompetente sobrinho do dono. Nas empresas menores não há benefícios, como um carro ou uma assistência odontológica. E nas empresas pequenas não existem, como existem nas grandes, oportunidades de fazer cursos ou de conseguir uma transferência para uma filial no exterior. Por coisas assim, no mês passado uma grande empresa de São Paulo abriu um concurso para contratar sete estagiários e recebeu inacreditáveis 32 mil currículos de interessados. Ótimos currículos, porque os jovens que querem trabalhar em empresas grandes ficam fazendo cursos enquanto estão procurando emprego, e o currículo fica cada vez mais gordo. A questão, para quem está vivendo uma situação dessas, é de aritmética simples. Empresas grandes estão contratando cada vez menos. De cada dez vagas que surgem no Brasil, oito estão sendo oferecidas por pequenas empresas. É nelas que se aprende, assim como é nos pequenos times de futebol do interior que os grandes craques começam suas carreiras. Hoje, a pequena empresa é mais do que uma boa opção: na maioria dos casos, é a única.

A diferença de trabalhar em pequenas empresas

QUATRO AMIGOS MEUS, QUE TRABALHARAM COMIGO NUMA MULTINAcional, hoje trabalham em empresas de pequeno porte. E cada um dos quatro, no momento de decidir se ia ou se ficava, veio pedir minha opinião. E eu fui sincero. Disse para eles que sair de uma empresa grande para uma pequena é fácil. Mas que o caminho de volta seria quase impossível. E recomendei que eles ficassem na empresa grande. Porque ela dava mais oportunidades de carreira. Oferecia mais possibilidades de fazer cursos. E tinha melhores benefícios indiretos. Mas meus amigos não aceitaram meu conselho, e mudaram assim mesmo. Foi uma decisão corajosa. E correta. Porque o tempo mostrou que eles estavam certos e eu estava errado. Entre outras coisas, numa empresa menor eles ganharam mais autonomia para pensar e para decidir. Puderam enxergar a empresa como um todo, enquanto na empresa grande ficavam confinados às suas próprias funções. Na empresa pequena, eles não precisam preparar enormes planos estratégicos, ou participar de longas e improdutivas reuniões, coisas que tomavam um tempo danado na empresa grande. É verdade que eles ganham menos do que ganhavam, uns 10% a menos. Mas, por outro lado, trabalham 20% menos tempo do que trabalhavam antes. Mas a grande vantagem mesmo, segundo meus amigos, é que eles deixaram de ser anônimos. Além de tudo isso, são as empresas pequenas e médias que oferecem, hoje em dia, a enorme maioria das vagas no mercado de trabalho. Se meus amigos quiserem mudar de emprego, eles, ao contrário do que eu imaginava, encontrarão boas oportunidades. Mais do que encontrariam se tentassem mudar de uma empresa grande para outra empresa grande. Como um daqueles amigos me disse, hoje em dia, quem pensa grande, pensa numa empresa pequena.

Administração, a profissão do futuro

VOLTA E MEIA APARECE EM REVISTAS ESPECIALIZADAS UMA PESQUISA intitulada "As Profissões do Futuro". Para o jovem que está em dúvida sobre o curso que vai escolher, ou para os pais que precisam aconselhar os filhos sobre as melhores alternativas de carreira, essas pesquisas são um prato cheio. Só depende cheio do quê. Eu tenho em mãos duas dessas pesquisas, uma de 1999 e outra de 2000. Alguém que na época tenha acreditado nessas pesquisas deve estar terminando a faculdade agora, mas já passou pela surpresa de descobrir que o futuro não era tão óbvio quanto as pesquisas indicavam. Na pesquisa de 1999, uma profissão muito recomendada era o turismo. Porque o futuro do mundo era viajar, passear e se descontrair. Menos de dois anos depois, uns terroristas malucos botaram abaixo o World Trade Center e daí em diante o turismo deixou de ser o grande negócio que parecia ser. De 2001 para cá, as empresas aéreas viram seus passageiros sumir e os hotéis viram o índice de ocupação desabar. Já na pesquisa de 2000, nada menos que 82% dos jovens entrevistados diziam que queriam trabalhar com a Internet. E a pesquisa concluía que eles estavam absolutamente certos. Naquele momento, parecia que a Internet era uma máquina de fabricar milionários instantâneos e que assim seria por toda a eternidade. O esvaziamento da Nova Economia, em 2002, mostrou que a eternidade não era tão eterna assim. Por isso, apesar das previsões, o futuro tem mudado muito pouco no mercado de trabalho. Hoje, como em 1999 e 2000, continua sendo bastante razoável para alguém que esteja em dúvida optar por um curso genérico – tipo administração. E depois tentar conseguir um emprego razoável e ir se especializando conforme as oportunidades forem surgindo. No Velho Testamento, Deus já avisava que o futuro será sempre imprevisível. Mas as pesquisas insistem em tentar prevalecer sobre a palavra divina. Por isso, aqui vai uma sugestão para quem está em dúvida: entre Deus e os pesquisadores, acredite em quem tem mais experiência.

Jovens desempregados

AS ESTATÍSTICAS DO MERCADO DE TRABALHO QUASE SEMPRE SÃO PERversas. Durante as últimas quatro décadas, nós nos acostumamos a ver uma estatística que discriminava as pessoas com mais de 40 anos. Agora, estamos começando a perceber outra, talvez mais perversa ainda. É a que está afetando os jovens. Atualmente, o número absoluto de vagas para jovens entre 18 e 25 anos é o mesmo número absoluto de 15 anos atrás. Como a população nessa faixa etária aumentou quase 40% nesses mesmos 15 anos, o resultado é o que se vê por aí, cada vez mais: o jovem desempregado. Do atual contingente de desempregados no Brasil, que são cerca de sete milhões de pessoas, os jovens já representam a metade. E aí vem a perversidade. A faixa etária entre os 18 e os 25 anos tem só sete anos. A outra metade de desempregados está espalhada por uma faixa muito maior, que vai dos 25 aos 60 anos. Se considerarmos que existe muito mais gente na segunda faixa etária do que na primeira, a pergunta é: qual é o problema do jovem? É aquela situação do cachorro correndo atrás do rabo. Os jovens que estão desempregados fazem cursos para não continuar desempregados. E, enquanto fazem cursos, continuam desempregados. Aí, eles perguntam para seus pais o que está acontecendo, e os pais não sabem responder, porque nunca enfrentaram uma situação assim. Os pais começaram a trabalhar em uma época em que, bem ou mal, havia emprego para jovens. Por isso, em casos extremos, os pais começam até a duvidar da capacidade, da competência ou da vontade de seus filhos. Nesses casos, filhos, perdoem seus pais, porque eles não sabem o que dizem. Hoje, o mercado de trabalho é como um time de futebol: 30 querem jogar, mas só cabem onze. Para um entrar, outro terá que sair. E ninguém está disposto a ceder o lugar. Por isso, os pais precisam apoiar seus filhos para que eles façam o que os pais não precisaram fazer: ter um negócio próprio. Num país que não gera empregos suficientes, o pai precisa compreender. E o filho, empreender.

O valor de cada funcionário

Em minha primeira escola, ao fim do primeiro mês de aulas, a Diretora entrou na classe carregando uma pilha de boletins. E anunciou os nomes dos três alunos que tinham tirado as notas mais altas. Eles foram elogiados e aplaudidos, e receberam fitinhas para pregar na camisa e desfilar com elas durante o mês seguinte. E os três piores alunos do mês, com o incentivo da Diretora, foram devidamente vaiados pela classe. A moderna pedagogia aboliu essa cerimônia. Agora, ninguém mais ganha fita e ninguém mais é humilhado. Com todo o respeito à moderna pedagogia, o que os alunos vão encontrar no mercado de trabalho, após se formarem, é exatamente a velha pedagogia. Os melhores são reconhecidos, os piores são ameaçados e, não raramente, demitidos. Se as escolas deixaram de ser uma competição direta entre alunos, o mercado de trabalho continua sendo uma competição direta entre funcionários, e será cada vez mais. Por isso, as empresas mais lucrativas vêm adotando um sistema chamado meritocracia. Ao contrário de democracia, um conceito político que significa "governar para todos", meritocracia é um conceito empresarial que significa "governar para aqueles que merecem". Numa meritocracia, todos os funcionários têm objetivos individuais. E os objetivos de cada funcionário são claros, são mensuráveis, são pesados, são difíceis de atingir, e estão diretamente ligados ao crescimento da empresa. Quem supera os objetivos, ganha mais. Quem não atinge os objetivos, recebe uma advertência. Embora a meritocracia nos remeta de volta aos tempos medievais dos bancos escolares, ela caminha para ser o sistema de todas as empresas, num futuro bem próximo. Porque, hoje, qualquer empresa sabe quanto um funcionário custa. Mas só aquelas que adotam a meritocracia sabem quanto um funcionário realmente vale.

A diferença entre o empreendedor e o empregado

Poder é uma palavra que veio de posse. Antigamente, os poderosos mandavam e desmandavam porque tinham a posse das terras, a posse dos melhores exércitos, e até a posse sobre a vida dos camponeses que habitavam em suas terras. Hoje em dia, pessoas ciumentas tendem a ser possessivas, porque se acham donas das ações de seus namorados, maridos ou funcionários. Mas da palavra posse surgiu uma outra, que está no meio do caminho entre mandar e ser mandado. É a palavra possível. Literalmente, ela significa "dá para tomar posse". É essa palavra, mais do que qualquer outra, que diferencia o empreendedor do empregado. O empregado admite que a empresa em que ele está trabalhando detém a posse de seu tempo, a posse de suas atividades e, principalmente, a posse de suas idéias. O gerente de pesquisa e desenvolvimento de uma empresa, que cria um produto revolucionário, tem o mérito da criação, mas não tem a posse. O lucro fica com o dono do poder, a empresa. Já o empreendedor é alguém que achou possível escapar desse sistema e ser o proprietário dos resultados, bons ou ruins, que seu esforço irá gerar. No mundo moderno, ser empregado é uma opção vista como razoável e aceitável, social e profissionalmente. Bons empregados vivem em paz com sua escolha pessoal, e alguns até conseguem receber uma compensação financeira adequada ao seu talento e esforço. Alguns, não todos. Do outro lado, estão os pequenos empreendedores, que vão à luta com a cara e a coragem, e sem muito apoio. No fundo, a opção por uma carreira, ou por um negócio próprio, é uma questão ornitológica. O empregado está satisfeito com o passarinho que tem na mão. E o empreendedor acha possível pegar os dois passarinhos que estão voando.

Gente de fora

NOS ÚLTIMOS DEZ ANOS, UMA GRANDE QUANTIDADE DE EMPRESAS mudou de dono no Brasil. Parte disso se deveu às privatizações, parte às fusões e parte à necessidade de empresas maiores comprarem empresas menores para poder manter sua posição dominante no mercado. Foi o caso da Petrobrás, que comprou a italiana Agip. Independentemente do motivo, toda vez que uma empresa muda de dono, os empregados têm aquele momento de desilusão e se sentem como uma mercadoria que mudou de mãos. E aí se reúnem no banheiro e se perguntam: "E agora?". Bom, agora é tocar o barco e enxergar a mudança não como um desastre, mas como uma oportunidade. E a melhor maneira de aproveitar essa oportunidade é passar por cima de alguns preconceitos, até normais, contra os que estão chegando. Aqui vão alguns desses preconceitos, e como lidar com eles. Primeiro preconceito: o pessoal que chegou é arrogante. Não é bem assim. O pessoal que chegou pertence a uma cultura diferente e tem suas próprias maneiras de administrar. Tentar entender essa nova cultura é a melhor maneira de se encaixar nela. Segundo preconceito: o pessoal novo vai querer mudar tudo. Pense o contrário: se sua empresa é que tivesse comprado outra empresa, ela ia deixar tudo como estava? Claro que não. Sua empresa implantaria sua própria filosofia de trabalho. Terceiro preconceito: essa gente que chegou só fica criticando o nosso jeito de trabalhar. Deixe que essa gente fale. E, em vez de discutir, escute. Em qualquer mudança de dono, as melhores oportunidades sempre surgem para os primeiros que pularem no novo barco. É difícil engolir isso, mas o barco antigo já não existe mais. Agora, os mares são outros. E quem se adaptar rapidamente à nova cultura irá descobrir que há mares que vêm para o bem.

Os terceiros serão os primeiros

UMA DAS MAIS INCRÍVEIS MUDANÇAS QUE ACONTECERAM NO MERCA-do de trabalho na última década foi a terceirização. Em algumas empresas, já há mais terceiros do que segundos ou primeiros. A segurança foi terceirizada, como também foram a contabilidade, os serviços gerais, o transporte, a manutenção, o setor jurídico, a distribuição, e até a equipe de vendas. Em sua origem, a palavra "terceiro" significava "alguém que não tem nada a ver com o caso". Em qualquer situação, existiam dois interessados, eu e você. O terceiro era o sapo que vinha dar palpite. Mas a terceirização ocorreu por um motivo indiscutível, a redução de despesas. O terceirizado custa menos que o funcionário efetivo. Não que essa mudança seja ruim. É que ela nem sempre é boa. Eu conversei com pessoas de 15 empresas que, no fim do ano passado, deram brindes para seus funcionários e mandaram cartões de Natal para seus clientes e fornecedores. E, para 14 delas, o terceirizado ficou numa espécie de limbo, porque nem ganhou brinde nem recebeu cartão. Quase todos os SAC, os serviços de atendimento ao Cliente, são terceirizados. Qualquer empresa que se preze dirá que uma de suas prioridades é o foco no cliente. Mas o cliente final, o consumidor, quando liga para o SAC, conversa ao telefone com alguém que provavelmente nem sabe onde fica a fábrica da empresa, nem conhece ninguém que trabalha nela. Qual é o compromisso que o terceirizado tem com a empresa? Nenhum. Ele tem um forte compromisso consigo mesmo. Do ponto de vista dele, todas as empresas são iguais, não importa se elas vendem celulares ou margarina. Tudo isso parece assim meio negativo, mas não é. Empresas e terceirizados ainda estão aprendendo a conviver um com o outro, mas qualquer projeção indica que o funcionário comum, aquele com carteira assinada, será minoria no mercado de trabalho daqui a apenas dez anos. Ironicamente, na nova ordem do mercado de trabalho, os terceiros serão os primeiros.

O emprego será uma exceção

EMPREGO É UMA RELAÇÃO PROFISSIONAL QUE BENEFICIA AS DUAS partes envolvidas: de um lado, o empregador satisfeito. E, do outro, o empregado feliz. Em troca da cessão de seu tempo e de seu talento, o empregado tem uma série de vantagens. Vantagens previstas em lei, ou concedidas espontaneamente pela empresa. E nós estamos tão acostumados com essa relação com o emprego como o peixe está acostumado com sua relação com a água. Por isso, praticamente todas as pessoas que nasceram nos últimos 60 anos cresceram com uma única preocupação: preparar-se para ser um bom empregado. Só que o emprego, como nós o conhecemos hoje, é um fenômeno típico do século XX. Ele não existia no século XIX, e vai aos poucos deixando de existir no século XXI. No século XIX, para começar, a concorrência era pequena, porque sete de cada dez pessoas trabalhavam na lavoura. E, dos que trabalhavam em indústrias nas cidades, a grande maioria executava serviços pesados e manuais, sem necessidade de qualquer especialização. Logo, os salários eram insignificantes, e os benefícios, inexistentes. Já no século XXI, a tecnologia está, cada vez mais, substituindo a mão-de-obra. Nas grandes empresas, o faturamento aumenta e o quadro de pessoal diminui. E já existem empresas nas quais um único funcionário fica atrás de um painel e as máquinas fazem tudo sozinhas. Os índices mundiais de desemprego não mostram uma crise econômica, mostram apenas que há mais gente do que empregos. E os índices só não são ainda maiores porque muita gente deixou de procurar emprego e começou a se virar por conta própria. Palavras estranhas há 50 anos, como franqueados, consultores e prestadores autônomos de serviços, hoje se tornaram comuns. Para quem está se preparando para uma carreira no século XXI, a primeira coisa a ter em conta é que "um emprego" não será mais uma opção. Será uma exceção.

Flexibilidade profissional

UMA DAS COISAS MAIS INCRÍVEIS QUE O PASSADO RECENTE NOS ENSINOU é que o futuro já não é mais, como foi durante séculos, a continuação do presente. Nos tempos atuais, cada vez mais, o futuro vem sendo a negação do presente. Há apenas cinco anos, praticamente ninguém duvidava que a Nova Economia era o futuro da humanidade. Hoje, ela é apenas um capítulo do passado, um capítulo importante, mas que ficou muito aquém das previsões iniciais. Entre esses dois momentos, planos estratégicos foram para o lixo, bilhões foram para o ralo e muitas carreiras promissoras não foram para lugar nenhum. Quem se prepara para uma carreira no mundo corporativo no século XXI também precisa ter em mente que a vida profissional dos filhos não será, como foi até o século XX, uma extensão da vida profissional de seus pais. Os pais podem continuar a ser uma inspiração em termos de dedicação e de integridade, mas não são mais um modelo de administração de carreira. As palavras-chave da geração paterna foram especialização e generalização. A palavra-chave dos jovens é flexibilidade. Os pais se prepararam para um mercado que era a continuação do passado. O presente deles não era muito diferente do passado, era apenas mais rápido. Já os jovens precisam se preparar para um mercado em que as regras serão decididas e mudadas à medida que o jogo for acontecendo. Portanto, qual é o curso universitário mais apropriado para um jovem? Resposta: Administração de Empresas. Por quê? Porque é o curso mais genérico que existe. De todos os cursos, ele é o que permitirá mais flexibilidade mais tarde, na hora de escolher um caminho. Um microbacteriologista, por exemplo, só terá um caminho pela frente. Já um administrador terá vários. Não é uma garantia de que as portas da carreira estarão abertas, mas é uma chance de que muitas não estarão fechadas.

Discordar pode significar liderar

Muita gente já ouviu esta frase: "Você vive reclamando". Do ponto de vista de quem diz a frase, ela parece negativa. Do ponto de vista de quem ouve a frase, ela pode ser positiva. Primeiro, é preciso entender a situação de quem ouve a frase. E só existem duas situações. Ou a pessoa acha que está trabalhando numa empresa por uma questão de destino, ou por uma questão de escolha. Pessoas que acreditam no destino reclamam porque nada é como elas gostariam que fosse. Ou seja, elas acreditam que estão no lugar errado e querem adequar o lugar às suas próprias necessidades. E, por isso, vivem reclamando de tudo. Pessoas que acreditam em sua escolha pessoal acham que estão no lugar certo. E acham que a empresa é boa, mas não param de reclamar, para que a empresa possa ser ainda melhor. É claro que muitos chefes não gostam de funcionários que reclamam, mesmo que o objetivo das reclamações seja o progresso da empresa e não a vantagem pessoal. Muitas vezes, discordar é sinônimo de teimosia. Mas também pode ser uma demonstração de liderança, criatividade, empreendedorismo e outras palavras em moda hoje em dia. Mas, para quem reclama e não é compreendido, existe um consolo. E ele está em qualquer enciclopédia. É só conferir. Todas as pessoas que se tornaram figuras históricas começaram discordando de alguma coisa. Ou de alguma teoria, ou de algum vizinho, ou dos pais, ou de alguma estrutura, ou de alguma situação. E, de modo geral, todas elas discordaram do conformismo de seus colegas, que achavam que a vida tinha que ser assim mesmo e nada iria mudar. O consolo de quem vive reclamando e discordando é o fato de que, na história da humanidade, não existe uma única pessoa que tenha ficado famosa por concordar com tudo.

Este livro foi composto nas fontes Barmeno
e Fairfield e impresso em Pólen Soft 80g.
São Paulo, Brasil, novembro de 2007
Impressão e acabamento na gráfica Imprensa da Fé.